可能性の育み

# 芸術士

## アーティストと子どもたち
## 15年の歩み

特定非営利活動法人 アーキペラゴ

ミネルヴァ書房

巻頭言
# 芸術士が拓く保育・教育の意義と可能性

秋田喜代美（学習院大学教授・東京大学名誉教授）

## 1　アーキペラゴと私の出会い：香川県から生まれた教育

アーキペラゴが15周年をへて16年目へと持続発展していることに心からお祝いを申し上げます。と共に、16年前からの事を思い出し、その歩みの一部に学ばせていただいた者の一人として、芸術士のこれまでの活動の意味とこれからを個人的にのべてみたいと思います。

私がアーキペラゴと出会ったのは、おそらく16年前に事業が立ち上げられた頃です。イタリアのレッジョ・エミリアの保育内容を学んでいたということから、高松市の保育研修で複数回お話をすることがあったと思います。1回はレッジョ・エミリアの内容のご紹介でしたが、もう一度は実際の芸術士派遣活動を自治体が資金助成をして支え継続することがいかに大事か、自治体との連携を継続してほしいという思いも込めて、初期の実践の紹介と共に園の皆様に研修でお話をさせていただいたことを覚えています。当時アーキペラゴにおられた芸術士村井さんが園の裏山の竹でつくった楽器を持って子どもたちと皆が輪になって踊りだすシーンを覚えています。その時から、瀬戸内の地元に根付く、個々の芸術士の特技や個性が生かされる実践が行われていたので、心に深くその記憶が刻まれています。芸術士の方々の中には、当時漆器職人や書道などの芸術家も参加しておられ、高松の地域ならではの活動と場が生まれていました。

しかし実は、私とアーキペラゴのご縁はそれだけではありません。私の長女、秋田美央が当時共同通信の高松支社に勤務して新聞記者をしており（現在は、国連日本政府代表部勤務）、芸術士派遣の活動の立ち上げのことを新聞記事として広く社会に対して初めて書いたというご縁にもよります。「お母さん、おもしろい活動があるよ」と知らせてくれ彼女の記事を読んだことを覚えています。そして娘と共に、三井さんの事務所を訪問させていただきました。まさに三井さんは瀬戸内のよさをいかしたアーキペラゴを起業され、瀬戸内での大人の芸術祭等だけではなく、子どもたちの芸術にも思いをはせられました。そしてそのモデルとして、当時未来の教育として世界的にも着目されていたレッジョ・エミリアに目を向けられたことに感銘を受けました。イサムノグチや猪熊弦一郎、丹下健三などの芸術家を輩出した香川県高松の地で、コミュニティとしてアートの活動をうみだしていくその発想が15年の継続の中で種から芽を出し、大きな花と実をつけていると思います。事務所で数々の取り組みの写真が入ったクリアファイルを見せていただき、またＨＰでも当時から地元のいろいろな地域素材を提供してもらうような関わりをされていることを紹介されていました。イタリアのレッジョ・エミリア市では、「レミダ」と言って、地域で使われなくなっているものを地域の人に提供しさらにそこに新たな価値を生み出すアートの活動等がなされていますがまさにその日本版を地域のさまざまなお店に呼びかけ実現されていました。

芸術士派遣事業での実際の保育場面を観たくてお願いをし、芸術士さんがおられる園を訪れたときのことです。新聞紙遊びを自由に行っていました。しかし日常の園での新聞紙遊びにとどまらず、そこに芸術士の方が加わり、子どもの様子をじっくり観察されながらその状況にあわせて、ご自身も新聞紙で立体的なものをいろいろ創ることをされていました。それをみた子どもたちは、目近にそれをみることで、急に新聞紙との関わり方が多様になっていったり扱い方も高度になっていく活動のうねりが生まれるのを目の当たりにしました。けっして芸術士の方から「こう作るのよ」とか子どものつくった物もうまい下手を言ったりすることはありません。当時から子どもの声を傾聴し子どものことをよく観ることが重視されていました。初めから芸術士が活動のために保育の場に入るのではなく、保育の場やその園の保育者の関わりをよく見て、当該の園の保育者や子どもたちの日常を大事にされる対話をしながら、芸術士としての専門性を発揮して日頃とは少し違う素材や量、そこへの関わりを示したり一緒にやってみることによって子どもの活動をワクワクするものへと質を高めていっておられました。

またその日別の場では、生の大きなイカが子どもたちの前に出されました。おそらく瀬戸内だからこそ採れた本物のイカであったのだと思います。だから生きていて動くし墨がとれたりするのです。子どもたちは一瞬ははしゃいだりしますが、その後はそっと触ってみたり、息を凝らして見つめたり、こわごわと遠目に見る子もいました。その後そのイカを子どもたちは大きな紙に描いていました。その伸びやかさ、ダイナミズムはまさに生きたイカと丁寧に出会ったことから生まれたものでした。子どもたちの「絵が生きている」と感じました。その芸術士の方は高校の先生を以前されていたというお話をうかがいました。静かなたたずまいの中で、子どもが対象と出会う瞬間を大事にしているからこそ、子どもたちはそのものに出会い、関わり、だから自分でも表現したくなり、その思いのたけを筆にのせて滑らすのだと思いました。

また当時琴電（琴平電鉄）の駅に子どもたちの絵画が飾られることを、写真でしたが見せていただきました。子どもの絵を地域コミュニティの人が見て元気をもらい、子どもの有能さや可能性を実感する、地域に子どもの絵がはためく姿を私は、レッジョ・エミリアではない地域で、日本で初めて琴電の駅で実感しました。そしてそういう地域が生まれることのすばらしさに希望を抱きました。

芸術士の方々が子どもと共に行うアートは、すべての子どもたちを優劣のかなたへ、一人ひとりの世界を拓き、もう一つの私、もう一つの世界へといざなう活動であると私は感じました。そしてそれからも毎年作られる冊子や展覧会、動画DVDなどを拝見して、東京からは遠い、高松の地に思いをはせていました。レッジョ・エミリアの活動を園として取り入れている園は現在では増えています。しかし、地域コミュニティ全体をアートで豊かにするというレッジョ・エミリアのような発想の地域は多くはありません。しかも高松ならではの多様な芸術士を支えているからこそ、レッジョ・エミリアのアトリエリスタとはまた全く別の独自の味わいや趣をアーキペラゴと高松市は作ってこられたといえると思います。

## 2　本書が拓く教育の可能性

本書の原稿を拝読しました。活動を経て、芸術士の4つの約束①生活を通して子どもの表現をサポートする、②なぜ・どうしての気持ちを大切にする、③結果を求めない、④子どもの可能性を社会に伝えるという形で教育の原理を明確にしておられます。感性や創造力は現在の学校教育や幼児教育では重要性は言われながらも、生活の中では十分に問われることなく流れてしまいがちです。また造形、音楽などと分断されがちです。しかし、普段の生活の中に少し違った目線の人がいることでその可能性を拓くことができるということが、本書からしみこむように伝わってきます。

現在の教育の行為は言葉を中心に行われています。その中で言葉ではないコミュニケーションとして、アートが位置づけられることで、子どもたちの表現は一層豊かになると共に、大人側の子どもを見る目も深くなっていくことができます。子どもが安心して自分を拓き言葉を拓くということができます。

また芸術士さんもそれをアーティストの片手間の兼業とするのではなく、芸術士であることがアーティストとしての活動の幅も広げる互恵的な関係や循環を生み出していることがわかります。子どもは大人が考えるようなあるべき論ではなく、目の前にあることを面白がるからこそそこにこれまでとは異なる表現や解決を生み出します。その子どもが開示する創造性や可能性を芸術士の方々は受け取り、洞察力をもって、自分たちへの栄養、恵みとして受け止めていかれている関係があります。そして大人側もまた取り繕うことなく、自然に自らを開いてありのままになります。だからそこに開かれ対等な学び合いの関係が生まれているのです。大人側のアートの押し付けや片手間で子どもにもアート的活動を教室として教えるのとは違います。そこでは大人側が子ども側に開かれることは少ないと言えるでしょう。これが可能なのは子どもたちが日々生活している日常の場の中で共に生きることをしているからです。

とはいっても毎日芸術士がいるわけではありません。芸術士と出会える一日は、子どもたちにとって特別、格別の日。今ここを共に生き、アートに浸りきり遊びこむ。だからこそ子ども一人ひとりのかけがえのない個別の姿、その子らしさやその子どもの尊厳が表れます。それを園の保育者も共に享受するからこそ、子どもの時間も経験も分断されることなく、それが日々の保育ともつながっていくのだと思います。子どもの心とちから、いのちが育まれる場である園。そこで子どもたちのたたずむ姿、はずむ身体、ほほえむ笑顔に、園やまちに集い和む語らいが世代を超えて生まれています。芸術士は単にアーティストが園にくるのではなく、「芸術士」のアイデンティティとわざをもつから、子どもたちに、園に、そしてまちに幸せをもたらしてくれているのだと思います。アーキペラゴの活動が、いつまでもどこまでも拡がり、幸せ溢れるまちの中心に常に子どもとアートがあるよう願いをこめて、本書の刊行を新たな一歩として讃えたいと思います。そして本書によってこの精神の真髄が香川県高松市だけではなく全国の子どもたちに関わる人と共有されていくことを願いたいと思います。

可能性の育み　芸術士——アーティストと子どもたち15年の歩み

# 目次

## 第6章

芸術士®は、
2013年NPO法人アーキペラゴから高松市と協議の上
特許庁に商標登録を申請し、登録されました。
（商標登録第5659096号）
以下本文中は「芸術士」と省略させていただきます。

# 1 芸術士とは?

芸術士ってどんな仕事? どんな人?
アーティスト? 技術者? 教育者?
素朴な疑問から始めましょう。

絵:「かんかんざりがに」
「ふじぐみのへんなせかいずかん」より

## 芸術士派遣事業のはじまり

芸術士派遣事業は、２００９年秋に香川県高松市で始まりました。この事業は、２００８年のリーマンショックの影響で落ち込んだ雇用を回復させるため、国が導入した緊急雇用創出事業を活用して、若手アーティストの働く場を幼児教育現場に創出することを目的として始まりました。

この事業の企画を立てる際に参考にしたのは、芸術家をアトリエリスタ（芸術の専門家）として幼児学校で雇用している北イタリアのレッジョ・エミリア市の幼児教育アプローチでした。私たちにレッジョ・エミリア教育とアトリエリスタのことを詳しく教えてくれたのは、高松市内で幼稚園を経営しているKさんです。彼が園長室で『レッジョ・エミリア保育実践入門』を片手に語ってくれたアドバイスは、事業スタート時に作られた「芸術士の４つの約束」につながっています。

また、当時高松市は全国に先駆けて幼保一体化を進めようとしていました。岡内須美子副市長（当時）は「芸

2009.03.09 Archipelago

芸術士のいる幼稚園

[概要]

未来をつくるのは子供たち。
子供たちの感性と創造力をせばめず、傷つけず、のばす手助けが出来るのは、
感性を翻訳できる若い芸術家たち。

幼稚園
(幼児教育の専門家)
教師／ペタゴシスタ

＋

若手芸術家
(芸大・美大卒業生)
芸術士／アトリエリスタ

＝

芸術士の仕事

それぞれの芸術分野(歌、絵、体表現など)を活かしながら子供と対話し、
子供の感性をアートという手段を用いながら表現することのサポート。

※クラス(組)に一人配置し、担任の先生と協働(立場は対等)
※6人程度の園児で構成したプロジェクト制の学びも研究・実践

[参考]

シュタイナーの考えた教育
レッジョ・エミリアで実践されている教育

子どもには
百のことばがある
(それからもっともっともっと)

けれど九十九は奪われる。
学校や文化が頭とからだをバラバラにする。
そして子どもにいう
手を使わずに考えなさい
頭を使わずにやりなさい
話さずに聞きなさい
ふざけずに理解しなさい
(*中略)
そして百のうち九十九を奪ってしまう。
そして子どもにいう
遊びと仕事 現実と空想 科学と想像
空と大地 道理と夢は
一緒にはならないものだと。

つまり
百なんかないという。

子どもはいう
でも、百はある。

ロリス・マラグッチ

[検討事項]

□市町村での雇用(緊急雇用対策としての可能性は？)
□若手芸術家の移住・就職活動の支援・・・全国の芸大・美大との連携(さしあたって東京芸大調整中)
□まずは専門家を招いた勉強会、そして市内数カ所で研究モデルとしてスタート

[地域とタイミング]

地域:四国／香川県高松市
時期:2010年スタート
2010年に瀬戸内国際芸術祭が開催予定

企画書「芸術士のいる幼稚園」

術士のいる幼稚園」と書かれた企画書のタイトルをご覧になって「保育所だったらできるわね、検討しましょう」と言ってくださいました。この決断には、高松市の子どもたちの自己肯定感が低いという状況を気に掛け、そして幼保一体化を進める保育現場に芸術士のような外部の人が入ることによって、多様な価値を認める空気感を作り出そうという意図があったのかもしれません。芸術士は「子どもたちの自己肯定感を高める」という期待を背負って形作られていきました。

その後、現場を所管する健康福祉部保育課（当時）と共に芸術士の定義や派遣の仕組みについてやり取りを重ねながら、希望施設調査などを進めました。そして、２００９年11月スタートを目標に夏から若手アーティストの募集をハローワーク経由で開始し、８人のメンバーが集まりました。これが、高松市芸術士派遣事業のはじまりです。

## 芸術士活動とは？

２００９年11月に８人、23施設でスタートした芸術士派遣事業ですが、現在は34人の芸術士が高松市内１００施設、高松市外１０８施設に派遣されています。芸術士活動は、単発のワークショップとは異なります。２０２３年度、高松市の施設では年間20回ほどの派遣回数があり、施設によっては年間40回を超える園もあります。芸術士は1年間を通して継続的に園に関わることで、子どもたち一人ひとりの個性を知ることができ、先生方とも信頼関係を築いた上で活動を行っています。また、この事業の特徴的な点として、芸術士が「子どもたちと生活を共にすること」が挙げられます。活動日、芸術士は9時〜16時まで園で過ごします。午前中に行われる活動の時間だけ園にいるのではなく、一緒に昼食をとったり、子どもたちが普段している遊びを一緒にしたりします。子どもたちの普段の生活の中に、少し変わった目線を持つ大人がいるという環境を作ることがこの芸術士派遣事業の特徴です。では、芸術士とは一体どのような人たちなのでしょうか？　芸術士が大切にしている４つの約束から、芸術士とはどんなマインドを持った人たちなのか見てみましょう。

## 芸術士の４つの約束

### 1 専門性を活かして子どもの表現をサポートする

芸術士は、絵画、造形、染織、彫刻、劇遊び、パフォーマー、音楽家など、様々な専門性を持っています。「自分の表現したいこと」を追求するのが「芸術家」だとするなら、「子どもたちの表現したいことを自分の専門性を用いてサポートする人」が「芸術士」だと言えます。芸術士には定められたプログラムや年間計画はありません。継続的に関わるなかで子どもたちから生まれた「やりたいこと」を実現するサポートをしたり、普段子どもたちが経験したことのない「もの」や「こと」、「素材」と出会う機会を作ったり、保育者の思いや願いに芸術士ならではのアイデアを織り交ぜたりなど、子どもたちや保育者の声を聴きながら活動内容を決めています。

## 2

### なぜ・どうしての気持ちを大切にする

芸術士は、子どもたちから生まれる好奇心に対してすぐに答えを出すのではなく、可能な限り子ども自身が答えを探し求められる環境を作ります。大人にとってはありふれたものでも、子どもにとっては驚きと発見に満ちています。特に新しいものと出会ったとき、子どもたちの頭の中は「?」と「!」でいっぱいです。そんな中で生まれた「なぜ?」「どうして?」の探究心を大切にし、「こうしたらどうなるだろう?」を思う存分一緒に試すことを大切にしています。

## 3

### 結果を求めない

芸術士活動は、アート作品を作ることや技術を習得することを目的としていません。「何かができあがること」や「上手にできるようになること」という「結果」ではなく、子どもたちが何かと出会い、触れ、関わり、遊ぶ「過程」を大切にしています。遊んだものが何かの形になれば、それが結果的に「作品」になったり、できるようになったことがあれば「技術」になったりもしますが、それを活動の目的とはしていません。また「過程」

を重視すると、活動が形に残らないこともしばしば起こります。絵の具でひたすら遊んだ結果、色をつけていた長い紙が破れてしまった。でも、楽しんだ証拠だから紙は破れても大丈夫。結果を求めない芸術士は、そのような視点を持ちながら子どもたちと関わります。活動がどこに、どんなふうに行き着くかは芸術士自身にもわかりません。指示したり、教えたりするのではなく、子どもたちを見守り、励まし、サポートしながら、隣で一緒に旅をするような感覚で寄り添います。

## 4

## 子どもの可能性を社会に伝える

芸術士は、1日につき1つの「ドキュメンテーション」を作成します。ドキュメンテーションとは、芸術士が子どもたちと過ごす中で拾い上げたつぶやきや表情などを、写真や文章等でまとめたものです。その場にいなかった第三者にも、子どもたち一人ひとりが持つ個性や感性を伝えることができるとともに、芸術士ならではの視点が伝わるものとなっています。芸術士の視点を芸術士自身の中に留めず、他者と分かち合い、それぞれの視点で子どもについて語り合うことを可能にするのがドキュメンテーションです。

また、芸術士が日々作成するドキュメンテーション以外にも、活動報告展（２０１０年〜２０１９年まで計９回実施）や活動報告冊子も芸術士活動を広く伝える役割を担っています。芸術士が作成している日々のドキュメンテーションは、担当施設の関係者のみが目にしますが、活動報告展や活動報告冊子では、普段保育所などとの関わりがない方にも、芸術士活動やそこでの子どもたちの姿を見ていただける機会です。特に第１回活動報告展「芸術士のいる保育所」（２０１０年８月31日〜９月５日、高松市美術館１階講堂にて開催）では、子どもたちと関わる中で芸術士が感じたことが施設ごとにパネルで展示されたほか、高松市で始まったばかりの芸術士活動が世間に広く知られるための第一歩となりました。

第１回活動報告展「芸術士のいる保育所」（2010年８月31日～９月５日）

# 芸術士活動が目指していること

どんなに小さな表現でも、何かを表現をするときには自分をさらけ出す勇気が必要です。勇気を出して表現し、自分の思いが他者に伝わったとき、それは大きな喜びになります。言葉に限らず、歌うこと、踊ること、描くことも思いを伝えるための表現です。まだ自由に言葉を使いこなすことが難しい子どもたちにとって、アートを手段としたさまざまな表現はコミュニケーションの大きな助けになり、遊びの延長として自然に取り入れられます。その中で子どもたちは、固定概念や先入観にとらわれないユニークな思考やさまざまな表現を見つけます。そのような特徴を持つ「アート」を通して子どもを育むことが、芸術士派遣事業の目指していることです。子どもの何を育むのか？ それは、子どもたちが持つ無限の可能性であり、感性や創造力です。子どもたちが持つ可能性や感性、創造力は簡単に育つものではなく、大きく、豊かになるには長い時間をかけて丁寧に育てることが必要です。それに加えて、大人になる過程で削ぎ落とされてしまったり、奪われてしまったりすることが少なくありません。大人の固定観念や先入観で子どもたちの前にレールを敷くのではなく、子どもたちの可能性を信じ、その感性と創造力を守り育てることや、子どもたちが始める表現や行動を大切に受け止めること。感性や創造性を開花させようとする子どもたちに寄り添い、子どもたちの発芽に気づき、守り、その固有性を認めること。これらを芸術士活動は目指しています。

# 2

# レッジョ・エミリアの幼児教育

芸術士のヒントになったのは、北イタリア、レッジョ・エミリア市の幼児教育（レッジョ・エミリア・アプローチ）です。

絵：「いろいろかめ」
「ふじぐみのへんなせかいずかん」より

# 第1節　レッジョ・エミリア市の文化と歴史

## エミリア街道の要衝として繁栄

北イタリア、エミリア・ロマーニャ州のレッジョ・エミリア市は、人口約17万人の都市です。古代ローマ時代に生まれた街で、その建設者であるマルクス・アエミリウス・レピドゥスの名前からレビディと呼ばれ、やがてレギウム、それが転じてレッジョという地名になったと言われています。古い六角形の城壁（現在はほとんど残っていない）に囲まれた形をしていますが、現在の多くの建物は、16・17世紀からあるものばかりです。

古代ローマ時代、ピアチェンツァからリミニに伸びるエミリア街道建設にあたり、駐屯地として繁栄した都市でした。

現在では、高速道路アウストラーダが通り、そこに掛かる橋と、高速鉄道ＲＥＩのミラノ～ボローニャ線のレッジョ・エミリアＡＶ駅は、スペインの建築家サンティアゴ・カラトラバ氏の設計の名所となっています。駅は、白いフレームが25回繰り返してパダーニャ平原に波を打つように立ち、とても美しいシルエットを醸し出しています。

サンティアゴ・カラトラバ設計の橋

サンティアゴ・カラトラバ 設計の高速鉄道駅

## 都市国家イタリアが育んだ市民気質

ナポレオン時代の１７９６年、州政府の義勇軍がオーストリア軍を押し戻し、ナポレオン自身が市民に５００丁のライフル銃を授け、新設県となりました。その際に、レッジョの女性たちによって縫われた旗が、イル・トリコロールと名付けられた3色旗で、現在のイタリア国旗のベースになりました。

１８７３年から経済成長が進み、人口増加に伴い古い城壁を壊し、20世紀に入り人口７万人に達し、強力な社会主義の伝統が育ちました。その後、ファシスト政権下では、これらの伝統と傾向から、レッジョは抑圧の対象となっていきますが、その中で、パルチザン（レジスタンス集団）が生まれました。ファシスト政権が１９４３年に崩壊し、対ドイツのナチズムに対するレジスタンス活動が燃え盛り、この間、多くの市民参加者が犠牲となった歴史を持ちます。

また、この地方は、豊かな農産品・畜産品の産地で、「宝の島」とも呼ばれるほどです。特に、パルミジャーノ・レッジャーノ・チーズの産地として世界にレッジャーノ＝レッジョの名前を広めています。

レッジョの広場

## パルチザンと女性参政権
## 民意で作った幼児学校の成り立ち

レッジョ・エミリア市や、周辺の州都ボローニャ市でも、市内の中心部の元市庁舎跡などには、レジスタンス活動で亡くなった多くの市民の慰霊碑が掲げられています。街を訪れた観光客に、この地の歴史を学べという強いメッセージでしょうか。１９７６年に公開された、ベルナルド・ベルトリッチ監督によるイタリア・フランス・西ドイツ合作映画「１９００年」（20世紀という意味）では、若きロバート・デニーロとジェラード・ドバルデューが、生まれた環境が違う二人の成長と生き様を演じます。20世紀の始まり〜第一次世界大戦〜ファシズムの台頭〜レジスタンス〜第二次世界大戦の終焉、イタリアの現代史を時間軸に、長閑なレッジョの田園風景の中で、市民としての存在の意味を二人が問う、長い映画（ノーカット版は5時間強）です。お時間のある方は是非一度ご覧ください。

戦後、イタリアも日本と同様に、自由主義陣営の国として大きな改革の波を起こします。その一つが、婦人参政権です。これまでと違って、レッジョの女性たちが、その旗頭として活動を始めます。荒廃した街を立て直す、何を建設し、どの財源を確保するか、の議論が巻き起こります。男性たちは、映画館を作ろう、女性たちは、学校を作ろう とのアイデアを出しました。そこに、一人の役所勤めの青年ローリス・マラグッツィ（1920-1994）がいました。戦後、彼は仲間らと共に、未来への投資（子

市民の慰霊碑の拡大図

ボローニャレジスタンス碑

ボローニャ元市庁舎前

どもへの教育）こそが、荒廃した街を復興し、二度とファシズムの台頭をさせない道であると、女性たちの意見を中心に幼児学校の建設を後押ししました。ドイツ軍が残していった戦車等を屑鉄として売り払い、その金で、新しい幼児教育の学校「アジーロ・デル・ポポロ」を作ります。そして、そこで働くスタッフに、職にあぶれた芸術家を雇いました。それが、私たちの芸術士活動のお手本である、レッジョ・アプローチのアトリエリスタの原点なのです。

レッジョ市内の街並み

## 第2節　レッジョ・エミリア・アプローチ

レッジョ・エミリア・アプローチでは、子どもの世界イメージを、より現実的で客観的なもの（対象に対する理解を深める）にするにはどのようにすればよいのかが大切にされています。このような発想から、子どもたちが関心を持っている身近なテーマを手がかりに、アートによって子どもの認識の世界を広げ、深めることにチャレンジする方法がとられているのです。

ローリス・マラグッツィ（L.Malaguzzi）が先導者となり、デューイやピアジェ、ヴィゴツキーなどの研究や哲学に関わりながら作り上げられた独自の教育アプローチは、エミリア・メソッドという特定の教育方法でも、エミリア・モデルという制度的な教育のモデルでもありません。子どもたちの世界へ、教育の世界へ、新たな視点を与えてくれるアプローチです。そのようなレッジョ・エミリア独自の哲学が「子どもたちの１００の言葉」という詩で表現されています。

**子どもたちの１００の言葉　ローリス・マラグッツィ**（佐藤学　訳）

「冗談じゃない。百のものはここにある。」

子どもは
百のもので作られている。
子どもは
百の言葉を　百の手を　百の考えを　遊んだり話したりする

Loris Malaguzzi (1920-1994)

百の考え方を
愛することの驚きを
いつも百通りに聴き分ける百のものを
歌ったり理解する
百の楽しみを発見する
百の世界を発明する
百の世界を夢見る
百の世界を持っている。
子どもは百の言葉を持っている。
（その百倍もその百倍もそのまた百倍も）
けれども、その九十九は奪われている。
学校の文化は　頭と身体を分けている。
そして、子どもにこう教える。
手を使わないで考えなさい。
頭を使わないで行動しなさい。
話さないで聴きなさい。
楽しまないで理解しなさい。
愛したり驚いたりするのは
イースターとクリスマスのときだけにしなさい。
学校の文化は子どもに教える。

すでにあるものとして世界を発見しなさい。
そうして百の世界のうち九十九を奪っている。
学校の文化は子どもに教える。
仕事と遊び
現実とファンタジー
科学と想像
空と大地
理性と夢は
ともにあることが
できないんだよと。

こうして学校の文化は
百のものはないと子どもに教える。
子どもは言う。
冗談じゃない。百のものはここにある。

**この詩は、子どもの持つ無限の可能性を象徴しています。**社会の中で「子ども」は未熟であり、大人が守ったり、しつけたりしなければいけない存在であると見られてしまうことがあります。しかし、レッジョ・エミリアは「子ども」をそのような存在として見ません。彼らは無限の可能性を持っており、自ら考え、行動し、学ぶ権利を持つ豊かな存在であるととらえています。この子どもへのまなざしが土台にあるからこそ、子どもの声に耳を傾ける教育が実現しているのです。

　レッジョ・エミリア・アプローチの理念や内容は「レッジョ・エミリア市自治体の幼児学校と乳児保育所の指針」や「Charter of Services of the Municipal Infant-toddler Centres and Preschools（レッジョ・エミリアの自治体の乳児保育所と幼児学校の事業憲章）」にも書かれており、保護者や地域住民と共有されています。教育はすべての人、すべての子どもの権利であり、それを実現することはコミュニティの責任であるとして、子どもの声を聴くことや対話することを大切にしています。この理念を体現するかのように、レッジョ・エミリアの施設の入り口には「権利」を意味する「diritti」という言葉が書かれた看板が設置されています。

　ここで示されている子どもの権利とは、たとえば「おしめを替えてもらう」「食事をもらう」などの生存に関わることではなく、探求し、学ぶ権利を指しています。これらの権利は義務を果たして得られるものではなく、生まれながらにして誰もが持っているものであると考えられているのです。

レッジョ・エミリア・アプローチの幼稚園の玄関に掲げられた"diritti(権利)"のサイン

「レッジョ・エミリア市 自治体立乳児保育所と幼児学校の事業憲章〜大切にしていること〜」JIREA出版

## アトリエリスタとペタゴジスタについて

レッジョ・エミリアの教育には、いくつかの特徴的なシステムがあります。そのひとつが、アトリエリスタとペタゴジスタです。

レッジョ・エミリア・アプローチのシステムとして、幼児学校にはアトリエリスタ（美術専門家）とペタゴジスタ（教育専門家）というプロフェッショナルスタッフが配置され、教師と協働しながら子どもの創造的活動を支援しています。

アトリエリスタは専門的にアートの教育を学んだ教師であり、専門はそれぞれです。子どもたちの知っていることや経験から組み立てられる個々のアイデアに共感し、さまざまな知識と表現力豊かなことばをもたらす役割を担っています。

幼児学校では、アトリエリスタが子どもたちに表現方法のアドバイスをしたり、ペタゴジスタが教師とともに教育の方向性を考えたりして、一緒に学んでいます。

また、幼児学校ではピアッツァと呼ばれる広場を中心に各クラスが配置されており、アトリエも隣接しています。その他にも、明るい空間と暗い空間の2つのミニアトリエが設置され、子どもがさまざまな「アート」を経験するためには、空間や環境が重要であると考えられていることがわかります。

© Scuole e Nidi d'infanzia – Istituzione del Comune di Reggio Emilia

© Scuole e Nidi d'infanzia – Istituzione del Comune di Reggio Emilia

© Scuole e Nidi d'infanzia – Istituzione del Comune di Reggio Emilia

## プロジェクト活動

レッジョ・エミリア・アプローチの中心は「プロジェクト活動」です。プロジェクトとは、子どもたちが少人数のグループに分かれ、一つのテーマを長期間にわたって探求する活動です。プロジェクトのテーマは、子どもたちの興味や関心から始まっています。教育プログラムである教育課程をこなすのではなく、子どもの何気ない言葉や気づき、関心をもとに活動が作り出されます。子どもの関心のあるテーマだからこそ、子どもたちが創造的で主体的に学ぶ探求が生まれているのです。

そこでは、教師が子どもの声を「聴く」ことによって、子どものやりたい思いを保障し支えています。子どもを尊重することで成立する徹底的な教師の姿勢や関わりが、子どもたちの新たな「問い」の生成に貢献し、遊びを通したさらなる探求活動を実現しプロジェクト活動へとつながっていくのです。

子どもの声を「聴く」ということは、ただ単に子どもたちの声を聴くというだけではありません。「子どもたちに十分な関心を注ぐことを意味し、同時に観察したことを録音したり、記録したり、それを子どもたちや親と共に意志決定をするための基礎として用いることに責任を持つことである。『聴く』ことは起こっている学びの活動をおって、そこに参入することを意味して」います。また、子どもの声を「聴く」ということは、子どもの言葉を待つことでもあります。言葉だけではなく沈黙も聴き、

子どもが発する（発そうとする）言葉を待つ姿勢が必要なのです。

このときの教師の役割は、子どものたちの考えを助長し、ディスカッションを誘うような、適切で途切れることのない質問を行うことです。つまり、会話が主題から遠のいたり迷い出したりすることがないように、どの子どもも参加する機会をもつことができるよう、また、子どもたちが批判的、創造的な思考方法で問題を考えることができるように、会話を促進し、組み替えたりしながら穏やかに導きます。

このことから、教師は従来の保育の現場でみられるような子どもたちから正しい答えや必要な情報を引き出そうとする「聴き方」ではなく、子どもたちの疑問や感じ・考えるといった思考を広げ、深めるといった「聴き方」をしなくてはいけません。そのために、子どもの活動や経験を十分に理解した上で、プロジェクトを構成し、活動を行う必要があります。

ローリス・マラグッツィ国際センター

ボローニャ郊外の幼稚園（くじら幼稚園）

## ドキュメンテーション

「ドキュメンテーション」とは、教師によって子どもの言葉や活動の過程、作品等が写真やテキストなどの手段で記録され、まとめられたものです。レッジョ・エミリア・アプローチの中で重要な役割を担っており、教職員のミーティングの資料として使われたり、子どもと共に活動したり、家庭とのコミュニケーションの道具としても活用されたりしています。ドキュメンテーションによって可視化された子どもの経験が、子ども同士や親との対話につながっているのです。

マラグッツィの１００の言葉にあるように、子どもは大人や他の子どもたちとの関わり合いの中で成長します。子どもは、一人で発達するのではなく、他者との関わり合いの中で成長するのです。子どもたちが生まれながらにして持っている可能性は、何もせずとも勝手に開花するわけではありません。一人ひとりの子どもがそれぞれの可能性を実現し「豊かなその子自身」に育つためには、隣にいる大人が、適切な関わり方や援助の仕方を考えながらその子自身を理解することが重要な意味を持つのです。

パネル化されたドキュメンテーション

## 第3節　レッジョ・エミリア・インスパイアード

### 芸術士の始まりに息を吹き込んだ
### レッジョ・エミリア・アプローチ

前章で述べたように、芸術士の企画は「アーティストを雇用する方法はないだろうか？」という思いから生まれました。そして、その方法を模索する中で出会ったのがレッジョ・エミリアのアートによる幼児教育でした。この出会いは「アーティストと子どもたちが出会ったら、どんな化学反応が起こるのだろうか？」という期待を生み、実際に「芸術士」という仕事の誕生へとつながりました。そのため、私たちの取り組みは、ときに「レッジョ・エミリアにインスパイアされた活動」と紹介されます。「ひらめく、触発される」という意味である「inspire」は、ラテン語の「(魂の)中へ息を吹き込む」という言葉が語源となっています。高松市で生まれた小さな企画書に息を吹き込み、結果として実現へと導く一端を担ったのが、レッジョ・エミリアの幼児教育だったのです。

しかし、芸術士の活動がレッジョ・エミリアと全く同じかというと、そうではありません。レッジョ・エミリアの哲学や取り組みにヒントをもらいつつも、芸術士たちが「芸術士とは何か？」「私たちの使命とは何か？」を常に模索し対話を重ねながら、子どもたちや現場の先生方と共に形作った活動です。活動開始から16年が経った今でも、「芸術士とはこういうもの、芸術士活動はこうあるべき」という正解があるわけではありません。その時々の相手や場所によって多種多様に形を変えながら、芸術士と子どもたちの関わりは続いています。

では、私たちはレッジョ・エミリアのどのような点に共感し、自分たちの活動へと生かしたのでしょうか？

それは

**①「子どもの持つ可能性」に目を向けること**

**②子どもたちの感性や創造力を守り育てるために「アート」という手段を使うこと**

**③過程を大切にすること**

の３点だと考えます。

## 「子どもの持つ可能性」に目を向けること

高松市芸術士派遣事業が始動する際に作られた企画提案書では、芸術士派遣事業に取り組む意味を、次のような文章で表しています。

続いて行く人間の営みを考えたとき、次代を担う世代が今を生きる私たち大人を軽々と追い抜き、まだ見ぬ未来を開き築き続けていくことは、世界中の誰にも共通の希望です。彼ら子どもが、持って生まれた感性や創造性に気づき、それを生かす術を習得し、その力を自己実現と未来変革のために発揮していける環境を形成することは、親として、大人として、街として、何よりも注意を注ぎ、守り育てていく価値を持ったことだろうと私たちは考えます。

「人は生まれた時が１００％、今の教育、社会では、歳を重ねるごとにパーセンテージが減少していく。」という考え方があります。ならば１００％の可能性を、１００％保ったまま育って欲しい。私たちは、子どもたちが持って生まれた１００％の感性や創造性を守り育てられる保育環境の創造に、街や社会、世界の未来を左右する大きな意味を感じています。

こうした意思、考え方に基づき、私たちは「芸術士派遣業務」に取り組む用意があります。

（香川県緊急雇用創出事業「芸術士派遣業務」企画提案書より）

この提案書には「誰もが生まれながらにして持っている可能性を損なうことなく、自分自身を開花させながら育ってほしい。そしてそのことが、街や社会を変えていくことにつながるのだ」という願いや意思が込められています。この「子どもたちの持つ１００％の可能性」という言葉は、レッジョ・エミリアの１００の言葉に通じる印象を受けます。子どもを「足りていないから教えてあげなければいけない」「持っていないから育てなければいけない」という視点で見るのではなく、彼らが秘めている豊かな可能性に目を向けるというまなざしがここにはあります。「ない」と見るのではなく「既にある」ととらえる。「芸術士は絵やダンス、音楽の先生ではありません」というスタンスや、子どもたちの考えや行動を見守り、励ます姿勢の根底にはこの考え方があります。彼らの中にある可能性は、何もしなくても勝手に開花するわけではありません。それが引き出されるような環境や人の存在があってはじめて、目に見える形で現れます。そんな、子どもたちの感性や創造性を引き出し、守り育てるための方法として、「アート」という手段がぴったりであると結論付けたのが私たちの事業です。

## 子どもたちの感性や創造力を守り育てるために「アート」という手段を使うこと

レッジョ・エミリアと芸術士の共通点として「アートという手段を用いている」点が挙げられます。では、なぜ「アート」なのでしょうか?

芸術士が子どもたちに提供するアートは、絵を描くことやものを作ることだけを指すのではありません。形には残らない造形的な遊びや、まわりの音に耳をすますこと、楽器や音と遊ぶこと、身体と身体がおしゃべりをしているような身体表現など、ジャンルにとらわれない多様な専門性を持って子どもたちと関わります。

その全てに共通していることは「言葉ではないコミュニケーションができる」ということです。まだ言葉を意のままに操ることが難しい子どもたちにとって、アートは自分の思いを他者に伝えられるツールのひとつです。また、アーティストは言葉ではない方法で思いや感覚を表現するスペシャリストであり、その点で子どもと近い目線を持っていると言えます。直感や感覚を頼りに、思いのままに表現したくなる原始的な衝動を引き出す性質が、アートにはあるのです。

また、アートには正解がありません。アートにおける正解という言葉を聞くと「美しいかどうか」や「上手か下手か」という基準が思い浮かびますが、美しいか、美しくないか、上手か、下手かという価値は、見る人や時代によって多様に変化します。一般的な教科のように「これは○」「これは×」というはっきりとした答えがないからこそ、アートではさまざまな価値観が認められ、自分自身の個性に出会ったり、他者の良さに気づいたりすることができるのです。また、正解がない世界で生まれる多様な視点からは「こっちがだめなら他の方法でやってみよう」というように、行きたい場所へたどり着く方法はひとつではないことを、身をもって経験することができます。ひとつの出来事に対してさまざまな見方ができることや、多様な視点があることを幼少期に知った子どもたちは、柔軟に方向や方法を変えながら生きることを心の奥で知っているのではないでしょうか。

## 過程を大切にすること

芸術士活動では、「結果を求めない」ことを約束のひとつに掲げています。「結果を求めない」とは、つまり「過程を大切にする」ということでもあります。知識や技術、能力の獲得などの目的や、完成した作品の出来ではなく、そこに至るまでの過程に価値があると考えるのが芸術士活動です。過程には、完成したものや遊びの跡を見ただけではわからない、一人ひとりのストーリーがあります。だからこそ、遊んだあと必ずしも何か作品になるというわけではありません。

レッジョ・エミリアで行われているプロジェクト活動も、最初からゴールが決まっているわけではありません。一つひとつの探求をつなぎ、後から振り返ってはじめて「こんな結末を迎えた」「結果としてこれくらいの期間がかかった」と言えます。芸術士活動も同じで、素材や動き、音と出会った子どもたちがどんな結末を迎えるのかは、芸術士も知りません。結末や目的などの結果を求めてしまうと「ここまで完成させなければいけない」「こんな力を身につけさせなければいけない」と切羽詰まってしまい、今この瞬間に目の前で起こっている出来事や、子どもたちの表情を見逃してしまうこともありますが、「結果は求めていないから、どんなふうに遊んでも大丈夫」「大事なのは過程だから、そこを見守ろう」と思うと、どんなふうに子どもたちが遊びを見つけ、展開させていくのかを見守り、面白がりながらそばにいることができます。「過程を大切にする」芸術士が子どもの気持ちや考えを受け止めるから、子どもたちは安心して遊び、失敗し、試行錯誤することができるのです。

また、芸術士は「ドキュメンテーション」を作成します。レッジョ・エミリアでは、プロジェクト活動における子どもたちの思考やつぶやきを「ドキュメンテーション」として記録し、保護者や子ども、教師に公開しています。私たちが作成するドキュメンテーションは、このレッジョ・エミリアのドキュメンテーションからヒントをもらい、芸術士が活動中に拾い上げた瞬間を写真に収め、言葉を添えてまとめたものです。主に作成されているのは紙によるドキュメンテーションですが、映像などの場合もあります。完成した作品は飾って見てもらうことができますが、そこに至るまでにどんな表情やどんな言葉が生まれていたかは読み取ることはできません。しかし、どんな媒体であっても、活動の場にいなかった第三者に、芸術士が大切にしている「過程」を伝える役割を担っています。

## 「おうちプロジェクト」の実践

M幼稚園で行われたプロジェクト活動である「おうちプロジェクト」（２０２０年６月12日～11月11日）は、最初から家を作ることが目的で始まったものではありません。

３歳児クラスの保育室にあった自転車が入っていた段ボール箱で作られた「おうち」が変化していきました。既にあった段ボールの「おうち」を可愛くしたい、自分たちの「おうち」にしたいと子どもたちから声があがりました。

そこでまず、色を塗るための下地材を塗りました。白いおうちになったことから発想が広がり、「トトロの家」や「ケーキ屋さんにしたい」といった子どもの声が生まれ、活動でにじみ絵を行った際の障子紙を屋根に貼ったり、ビニールシートに絵を描いて窓にしたり、色紙に色砂を貼り付けたものをレンガに見立てて作りました。

でき上がった「おうち」も、保育室の中に置かれることで室内の道になったり、ごっこ遊びなどに使われたりするなど、日常的な遊びの一部となりました。

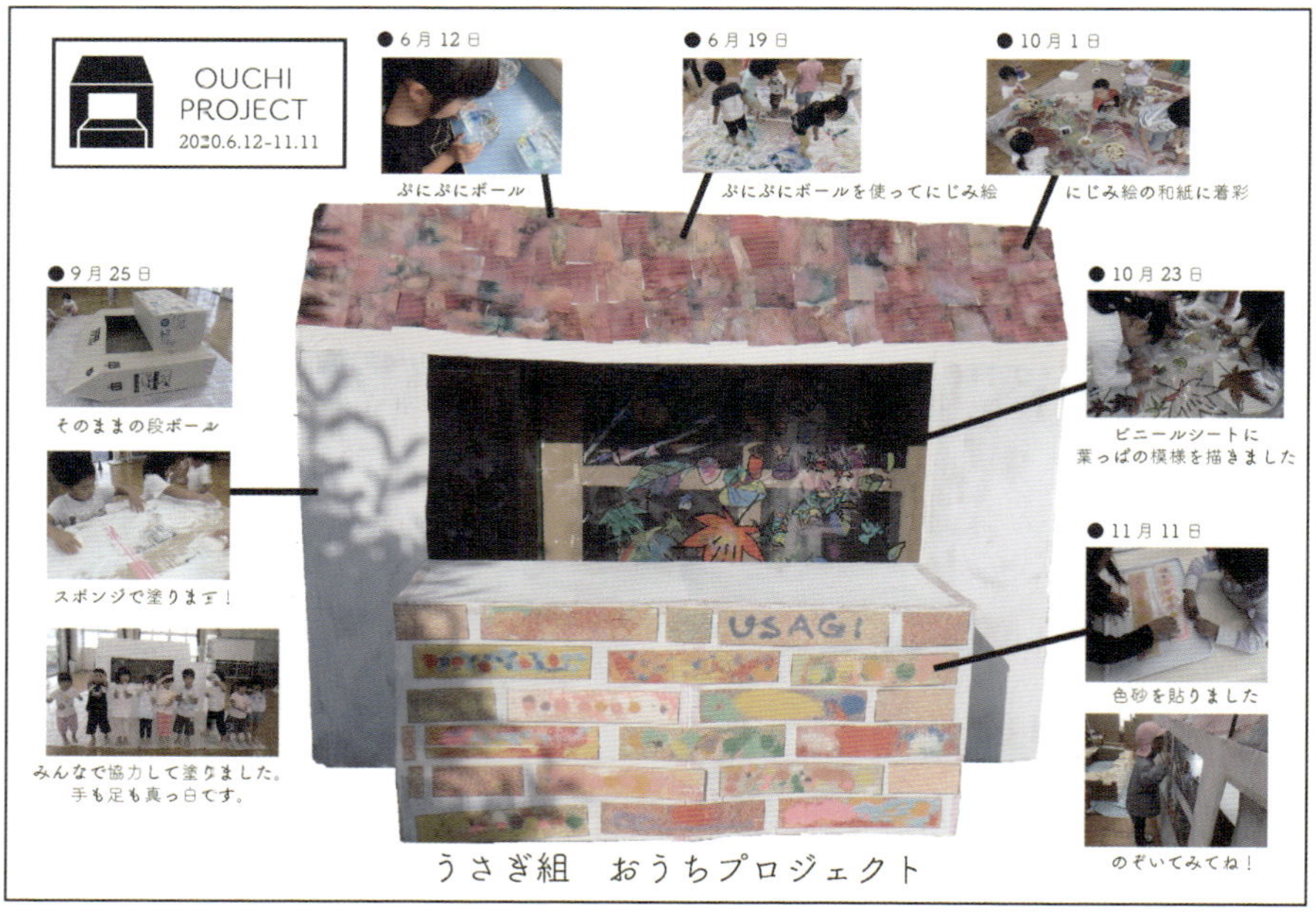
OUCHI PROJECT
2020.6.12-11.11
●6月12日
ぷにぷにボール
●6月19日
ぷにぷにボールを使ってにじみ絵
●10月1日
にじみ絵の和紙に着彩
●9月25日
そのままの段ボール
スポンジで塗ります！
みんなで協力して塗りました。
手も足も真っ白です。
●10月23日
ビニールシートに
葉っぱの模様を描きました
●11月11日
色砂を貼りました
のぞいてみてね！
USAGI
うさぎ組　おうちプロジェクト

おうちプロジェクト

## ドキュメンテーションと報告展

活動に合わせて作成されたドキュメンテーションは、幼稚園の階段や、保護者や地域の方が見る園入り口の掲示板に貼られています。ドキュメンテーションは、子どもたちが作った作品やその写真等ではなく、活動過程での子どもの表情の写真やつぶやきなどを中心に作成されています。M幼稚園では、教室に向かう階段にドキュメンテーションが貼ってあり、子どもたちも見ることができます。また、掲示板に貼られたドキュメンテーションを保護者が見ることによって、家での子どもとの会話や降園時の保護者同士の会話、芸術士との会話などに役立っています。

ドキュメンテーションから派生した活動として、２０２０年12月５日に行われた「なかよししゅうかい」に合わせて、園内の一室（絵本の部屋）にて芸術士活動を紹介する報告展を行いました。（実施期間：２０２０年12月５日～12月15日）

２０２０年度はフタセ芸術士（造形）とカタタチサト芸術士（身体表現）の２名が派遣されていました。

フタセ芸術士は、子どもたちが活動で製作したものだけでなく、活動で見られた子ども一人ひとりの行為や言葉を記録し、子どもの経験や学びの過程を写真等で作成したドキュメンテーションや、子どもの写真や活動で聴かれた声を書いた付箋を展示しました。また、カタタ芸術士は、活動の様子を動画で記録したものを上映しました。

階段や掲示板に貼られたドキュメンテーション

子どもたちも報告展で展示された写真を見て、「この時はね」と活動を振り返りながら話をしたり、自分の姿だけでなく、友だちの姿も見て「これかわいいね」などと共有する姿が見られたりしました。保護者からは「楽しんでいる様子が写真などからも伝わってきた」「子どもの生き生きとした写真を見て、実際の作品に触れることができ、こちらも元気・パワーをもらいました」という声をいただきました。また「子どもが服を汚して帰ってきたり、絵の具がまだ爪に残っている様子を見ると、楽しく活動ができたことがわかる」「身の回りにある物にもしっかり目を向け、自分なりにいろいろ考えて作ることを楽しんでいる様子が家庭でも見られました」などの感想からも、芸術士から見た子どもの表現の意味や声を保護者に伝えることで、子ども理解や認識の共有ができるのではないでしょうか。

このような報告展で子どもの写真やドキュメンテーションを見てもらい、保護者や地域の人との子どもの姿を共有することで、普段では見ることのできない活動中の子どもの姿や声を知るきっかけになります。

芸術士活動を紹介する展示のようす

子どものつぶやきが付箋で貼られた写真

## 2023年3月1日　家づくり

5歳児クラスの子どもたちは、3歳児クラスの時に白い家を作るプロジェクト活動を行った子どもたちです。また、2022年5月20日にはビニール袋を使って「にじいろたまごふうせん」という名前の家を作りました。このクラスの子どもたちにとって、「家」を作り、みんなで遊ぶということが、やりたいことにつながっているように思います。

段ボールにドロドロ紙粘土を塗って遊んだ経験から、この段ボールを使って「みんなで入る家を作りたい」と言っていました。その後、段ボールと支柱をPEテープでつなぎ、結んで家を作りました。だんだんと形になるにつれて、次々と「ままごと遊びに使いたい」「この中で宝探しゲームをしたい」などの言葉が聞かれ、ずっと家を作りたいと言っていたIくんも「どうしたらもっと面白くなるかなぁ」「やっと作れたね」と言い、嬉しそうな表情が見られました。

家を作った後は、子どもたちが3歳児クラスだった時からの活動写真を家の中に貼って「ぞうくみ写真館」を作りました。たくさんの写真を見て「こんなことしたね。覚えているよ」「○○ちゃんもいるね」と退園した友だちの話もしていました。自分の思い出の写真を選び貼るMくん、友だちの笑顔が素敵だからとある一枚を選ぶAくん、自分の姿を懐かしんで自分の写真を貼るJくん、途中で入園したNちゃん、Iくんは、みんなの写真を楽しそうに見て「これおもしろそうだね」と感想を教えてくれたりするなど、それぞれが選んだ写真について話をしてくれました。子どもたちにとって、写真で活動を振り返ったり、思い出を共有したりすることによって、芸術士活動での活動が特別なものになったと言えるのではないでしょうか。

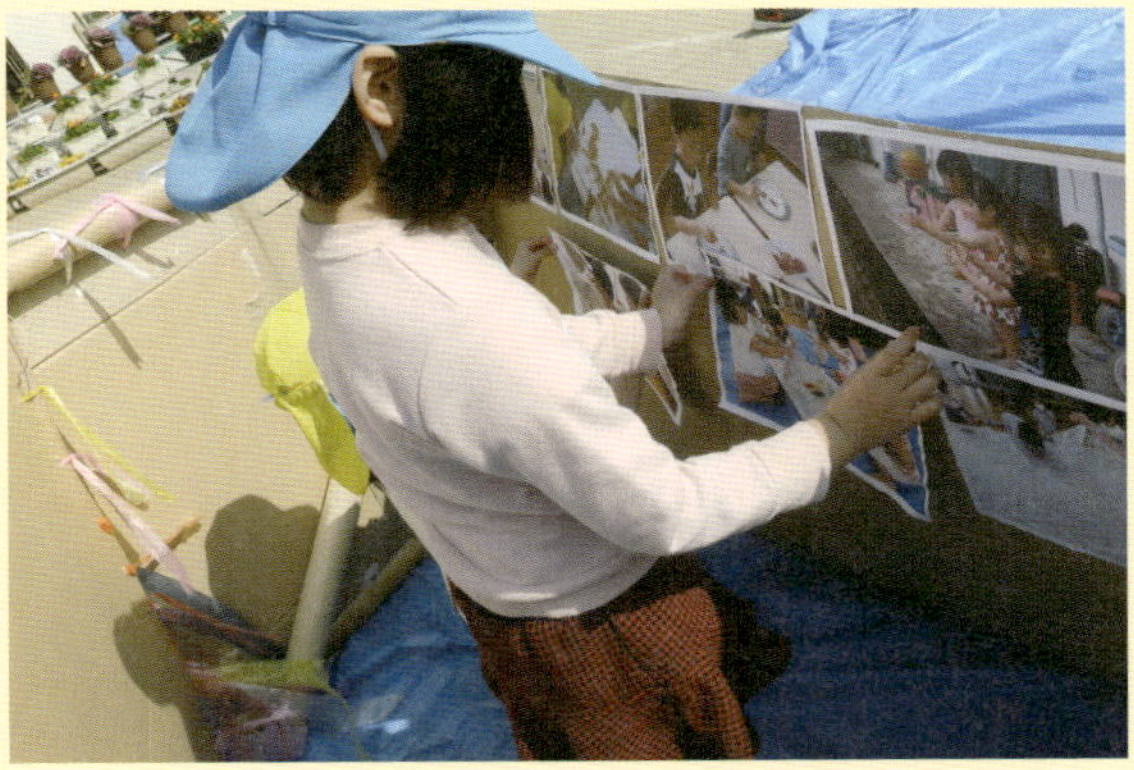
思い出の活動写真を「家」の中に貼る

# 3

# 芸術士という仕事

若手アーティストの雇用創出として始まった芸術士。
それぞれの活動を紹介します。

絵：「サイさいころ」
「ふじぐみのへんなせかいずかん」より

## 第1節　仕事・作家活動との両立

発足時の芸術士の条件は、アーティストであること、子どもと彼らを取り巻く大人（保育士さんたち）とのコミュニケーションが苦でない人、この2点でした。芸術士が常勤雇用であったスタート時の雇用形態から、次第に作家活動と並行して就業できるように、週に1日とか、月に2回とかでも活動に参加できるよう多様な働き方を模索しながら変容しています。2023年度から、雇用から業務委託発注に契約形態を変えて再スタートしました。それによって、各々の芸術士は、個人事業主としてのアーティスト事業（個人教室も含む）と芸術士事業を並行して生業としています。もちろん週に最大5日間芸術士活動をしたいという方もいます。

現在は月に1回ホットアート・カフェというミーティングをしながら、芸術士活動の発表や個人活動の情報交換を行っています。そんな中で、基本的に個人アーティストの芸術士たちが、グループ活動やユニットを形成することもしばしば発生しています。コンテンポラリーダンサーと音楽家と造形家の掛け合わせで舞台を発表したり、中期的な作品づくりに励んだりしています。事業が始まるきっかけとなった瀬戸内国際芸術祭に作家として参加したメンバーや、作家として売れっ子になり芸術士活動を卒業していったメンバー、美術教師になったメンバーなど、それぞれの進路を歩んでいます。

芸術士活動の醍醐味は、未就学の子どもたちとの接点が常時生まれていることです。作家たる芸術士はピュアな子どもたちの生の力に晒されて、自分自身を映しています。そんな作家としての自分や仕事を見直せる時間を持つことが、明日への創作のヒントにつながっているのだと思います。ここで3人の芸術士の声を聞いてみましょう。

## 仕事・作家活動との両立：カタタチサトさん

（プロフィール）
高知市出身。ダンサー、演出家、ワークショップファシリテーター。5歳からモダンバレエを始め、その後舞踏とモダンダンスをベースにダンサーとして活動。約30年のキャリアを持つ。日本女子体育短期大学体育科舞踊専攻卒業後は東京を拠点に国内外で活躍し、2011年に徳島県、2014年に香川県へ拠点を移す。主宰する【DanceBonBon】では、美術家や音楽家たちとパフォーマンス、アートイベント、ワークショップを行う。2013年より芸術士として活動中。

――カタタさんが芸術士になるまでの経緯を教えてください。

ダンサーとして東京を拠点に活動していましたが、36歳で徳島県に移住しました。2人目の子どもが生まれ、舞台表現の中心である東京を離れて活動する中で、「アートで子どもの成長過程に関わる仕事」への興味が高まっていた時期に芸術士について知りました。当時の募集には、ワークショップやダンスの披露ではなく、子どもの創造力や発想力をサポートする仕事だと書いてあり、「芸術士って、私のやりたいことだ！」と思いました。

そういった仕事をしたいと思っても、地方で一個人が新たな需要を作りだすのはなかなか厳しいことであり、良いタイミングでこの仕事に巡り合えました。そもそも私がダンサーになった一番のきっかけは、子どもの頃、幼稚園に来たダンサーのデモンストレーションに感動したことでした。自分が培ってきたことを生かして子どもたちの多感な時期に関われることは、大きな意義があると考えて芸術士に応募しました。

――芸術士活動と作家活動にどんな違いを感じていますか？

芸術士と作家活動は、「創造する」という根は同じです。でも、それぞれ全く違うアプローチをしています。作家活動はパフォーマンスなので、人に見せたり、誰かと共に作り上げたりすることがその最終形ですが、芸術士活動は過程に重きを置いているのが大きく違うところです。

芸術士活動の最中には、その瞬間に子どもたちが感じていることが表情、言葉、しぐさ、行動……いろいろなものに表れています。そして、私がきっかけを投げかけると、小石を投げた川面に波が立つようにレスポンスやリアクションが生まれていくことがあります。子どもたちが何を感じ、どう外に出していくのか、それらにすでにかけがえのない価値があり、その一つひとつを大切にしていくことが芸術士活動だと思います。一つも見逃したくなくて、私はいつも必死で受け止めています。

かみ砕いてお伝えすると、作家活動では「カタタチサト」として、私がおいしいと思う実験的料理を食べてもらうために届けているような感覚で、芸術士活動では、味見をしたり、料理って楽しいねとその時間を味わったり、これ食べられるかな？なんて考えたり、料理研究をしているような感じです。

――舞台制作など多くの人が関わる予定も多いと思いますが、芸術士活動も含め、スケジュール管理はどのようにされていますか？

人からは「大変そう」とよく言われますが、そんなに大変ではないです。ダンサーとして流動的なスケジュール管理をしてきた延長で仕事の管理をしている感覚で、慣れているのかもしれません。舞台制作の繁忙期には、芸術士活動の日を事前に減らすなどして調整してもらっています。家族との時間、身体表現者としてのケアの時間や身体を休める時間も重要で、そういった時間は、あらかじめ確保するようにしています。

芸術士、表現者、ダンスの指導、振り付け、家庭……私の中ではそれぞれに切り替えがあります。一番大変なのは、家庭ですね。「夜7時にご飯にしよう」と子どもたちに伝え、間に合うように仕事や調整を必死でやっても、みんなが揃ってなくて私の糸が切れてしまうことも多々あります（苦笑）。私も夫も近所に肉親がいないので、お互い仕事をしながら、自分たちだけで家庭のことを何とかしなくちゃいけない。ただ、仕事と家庭の狭間で壁にぶつかるたびに「どうしたらいいいか」と考え学ぶ機会になっているので、上手くいかないことがあっても解決していけばいいとポジティブにとらえています。

切り替えはその場や人に自分を最適化するようなイメージで、私はそれを「チューニング」と呼んでいます。チューニングは、芸術士活動でも毎回開始時に行っていて、まずは問いを投げかけることから始まります。わかりやすい例だと、「今日の元気を教えてね」という質問です。聞くや否や、子どもたちは走りだしたり、大きな声を出したり、見せたいタイプの子は手をふわんと動かして見せてくれたりします。

少しフォーカスを変えて、「一本足で今日の元気を教えて」と言うと、今度は一本足の状態で自由に伝えてくれます。チューニングのやりとりに正解はなく、みんなが思いついた分だけ答えがあります。子どもが停滞しているときは、私も一緒にやってみたり、「からだでおしえて」とか、「声で言うとどんな感じ？」など、どんな声掛けをしたら反応を出しやすくなるのかを考えてアプローチします。そしてみんながどう反応するのかを見て、テンションや言葉使い、今日やることを調整していきます。

実はこの「問い」と子どもたちの「レスポンス」が芸術士活動、ひいてはアートの本質だと思っています。たとえば、「目を瞑って何が見える？」と投げかけると、子どもたちは自分の持ちうるさまざまな手段や状態をもってそれを教えてくれます。一つの投げかけに対して百人いたら、百の状態があります。目を瞑って見えるものは、自分だけに見えるもの。それをなんの束縛もなく自分の思う方法で他者とコミュニケーションしていくことって、アートの原初的なことなんじゃないかなって。

子どもたちはそんなに深く考えてなさそうなのに、本質的なレスポンスに驚かされることや、インスパイアされることも多々あります。毎回私は揺さぶられ、感動して大変！　子どもたちはすごいスピードで変化しているので、書き留めたり写真に収めたりして、忘れないように必死です。

――そういった経験を含めて、芸術士活動がご自身の作家活動に影響する部分はありますか？

もちろんあります。一番の影響は、作品の創作方法の変化ですね。社会から見落とされがちな事象をテーマに、自分の内側に潜り、自分にしか見えないものを掘り下げていくような作品づくりをしていた「黒の時代」から、芸術士活動を経て、自分を世界の一部として認知しながら外に目を開き、喜びに満ちた作品をつくる鮮やかな「色の時代」に進化できた感覚があります。

――どうしてそのような変化が起きたのでしょうか。

環境や時代の変化もありますが、一番影響しているのは、芸術士活動を通した子どもたちとの関わりだと思います。これまでお話ししたような、子どもたちの百人百様の素直な反応を日々目の当たりにしたことで、あらゆる物事をさまざまな角度から見られるようになり、目の前の事象に内包されているさまざまなものを感じられるようになっていきました。そして、自分を中心とした視点ではなく、自分を大きな全体の一部として扱うようになりました。表現者として、とてもいい進化だと感じています。

大人になると知識や経験で事象を言語化、分類、整理してしまいがちですが、そうすることでこぼれ落ちてしまうものがたくさんあります。また、舞台作品の制作は、世界の一部を切り取ることや、多くの人に見せるために単純化するような作業が入ることもあります。子どもたちの存在は、それらと対極でした。複雑なものを複雑なまま感受して自分の外に出していく子どもたちからは、世界の複雑さを感受することをはじめ、多くのことを教えてもらっています。

## 子どもたちは何にでもなれる

「水辺の生き物」をテーマに取り組んでいる園の活動に沿って、「海の生き物になりきる」芸術士活動を行った。まるで、大きな生き物が目の前を横切っていくように舞うビニール。自分の好きな色のビニールを選んで、海の中を遊びきった。

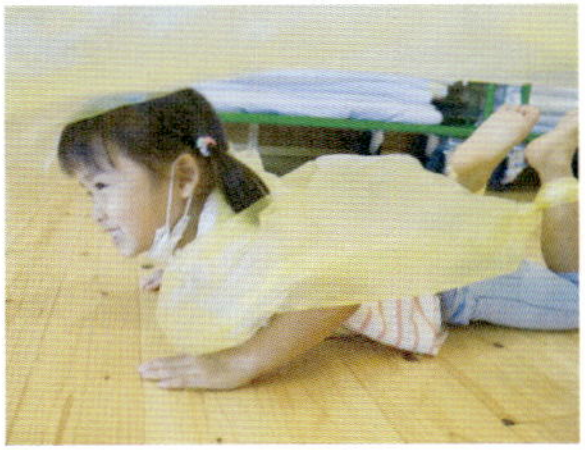

海の生き物になりきる

だんだんと豊かに大きな動きへ

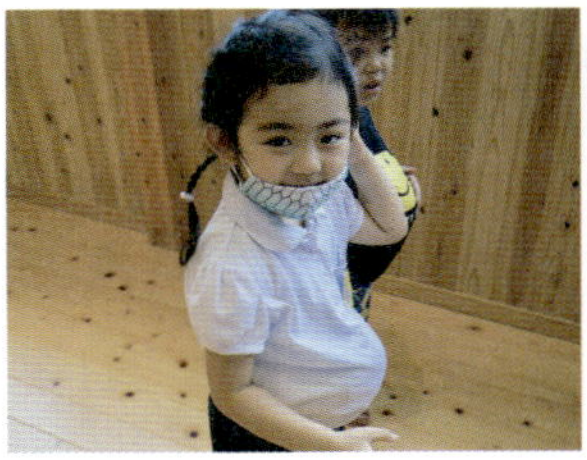

ビニールを小さく丸めてお腹に入れて帰る

いつの間にかビニールはたまごに

――芸術士に必要なことは何だと思いますか？

子どもたちが何を見て、何を感じているのかを観察し、そのまま受け止めること。そして、今の彼らにとって、私自身がどのように表現して伝えるのがいいのかを、考え続けることではないでしょうか。年齢や言葉にとらわれずに、彼らが全身で発しているサインを見て、体感した上で彼らの活動をサポートすることが大事だと思います。そして、主体はいつでも子どもたちであることを念頭におき、「してあげる」という感覚にならないようにすることかなと。

子どもたちのあらゆる発信を受け止める芸術士の仕事は、驚きに満ち溢れ、とても興味深い仕事である一方で、大きな責任もあると感じています。自分の出したものを彼らが吸収していく、つまり、一人ひとりの感受に作用することを日々行っているので、一歩間違ってしまうようなことがないように、いつも意識しています。子どもたちって、なんでもすごくよく覚えているんですよ。

――芸術士活動を続けていきたいですか？

続けていきたいですね。私は何かを継続することが苦手なのに、芸術士は10年近く続けられています。これはきっと、私自身に得るものがたくさんあるからなんですよね。抽象的だったり、複雑だったりすることを、子どもたちは丸ごと受け止め、返す力が強いです。自分だけに見えていると思っていたことを、子どもたちもわかっているのだとドキッとするようなことがよくあります。他の仕事では、なかなか味わえない感覚ですね。

波の音を聴く。大きな海の生き物に出会う。ビニールを自分で選んで遊びきる。芸術士が「海の生き物になる」ことに対してさまざまな投げかけを行うことで、子どもたちのイメージは刺激され、広がっていった。

## 仕事・作家活動との両立：小田若奈さん

（プロフィール）

愛知県出身。香川県立高松工芸高校漆芸科を経て香川短期大学産業デザインコースを卒業後、デザイナーとして働きながら、絵画教室で絵を教えていた。絵画やデザインを専門に２０１６年より芸術士として活動を始め、現在ではデザイン会社でフルタイムで働きながら、週に1回芸術士活動を行っている。

――小田さんが芸術士になったきっかけを教えてください。

短期大学のデザインコースを卒業後は、香川県の不動産情報誌を発行する会社でデザイナーとして働きながら、月に２日ほど絵画教室で子どもに絵を教えていました。子どもの頃転校が多く、なかなか友だちを作れなかった私を支えたのは、一人で時間を忘れるほど没頭できる絵を描くこと。絵を教えていたのは、そんな楽しみを子どもたちにも作れたらという思いからでした。

12年ほど働いた会社を退職することになった際、絵画教室の仲間から「小田さんの絵画教室でのスタンスに近い芸術士という仕事があるよ」と教えてもらい、興味を持って応募しました。芸術士に採用されると、週３日は芸術士、月に２日は絵画教室という生活が始まりました。

――芸術士の仕事のどんなところが絵画教室での小田さんのスタンスと近かったのでしょうか。

私が絵画教室で大事にしていたのは、子どもたちのやりたいことを叶えるために彼らの引き出しを増やすこと、応用力をつけることでした。芸術士の募集要項を見て、私の考え方ととても似ていると感じました。実際に芸術士として活動してみても、イメージしていた仕事に近かったです。

――12年続けた会社員から芸術士になってみて、最初はどうでしたか?

絵はずっと描いていましたが、学校を卒業してからは会社員として働いていたので「私はこう」という表現の軸もなく、いきなり一人で園に行って活動することに不安がありました。いつも手探りで、「どうしたら求められていることに応えられるのか」を常に考えていました。会社員的な発想ですね。当時は必死で自覚がありませんでしたが、いつも悩んでいたと思います。

でも、2年目にはその不安は薄れていきました。私自身が活動に慣れたこともありますが、子どもたちが私に慣れてすごくウェルカムな状態になり、受け入れられていることで気が楽になったのだと思います。自分なりの芸術士のスタンスが安定したのは4年目です。園に提案し「プロジェクト」という考え方の活動をスタートさせ、現在3年継続しています。

プロジェクトとは、会社員ならではの発想を基にしたもので、ゴールに向かってチームで逆算しながら走るという考えを芸術士活動に落とし込んだものです。年間で一つのテーマを設け、子どもたちにゴールを伝え、長いプロセスの今この部分だと説明しながら活動すれば、先のことをイメージしながら目の前のことに取り組めます。

全体像を想像できればモチベーションが上がり、子どもたちが今やりたいことを突きつめていけば小さなことが大きく広がるという達成感にもつながります。やらされている感覚から抜け出し、子どもたち主体の活動にしていくことがプロジェクトの核です。

たとえば、それまで先生が作っていた生活発表会の舞台背景を、芸術士活動で子どもたちと制作するようになりました。ある日突然完成物が登場してそれを使うだけでは見えないようなさまざまなプロセスがあること、複数の人が関わっていることなどを理解できますし、制作中も「自分たちの制作発表会で使うんだ」と熱量が変わります。

年中は忍者、年長は宇宙などプロジェクトのテーマを各学年で決めていましたが、2022年度には全学年「海」でテーマを統一しました。海をどう掘り下げるのかは私に任せてもらい、園全体でいろいろな活動をしました。先生たちが主導する生活発表会でも海とリンクした内容になり、年少は「にじいろのさかな」を、年中では浦島太郎をテーマにした劇に登場するウミガメを、それぞれ芸術士活動で制作しました。

園では芸術士活動以外でも先生たちがテーマとリンクした活動をしてくれて、私がいない間もプロジェクトはずっと進行している状態になりました。プロジェクトの副産物的効果として、先生たちにとっても今後の進行予定を把握しやすく、園の運動会や発表会と関連づけることがで

浦島太郎に出てくるウミガメを制作。
牛乳パックで土台を作り、紙を貼って着色。
子どもたち主体で制作を行い、時間をかけました。
（写真は甲羅をのせる前の制作途中）

きると好評をいただきました。

――プロジェクトの手法を取るようになってから、子どもたちに変化はありましたか？

プロジェクトでは年間通してテーマを設けているので、毎回一つのテーマを掘り下げることができます。海をテーマにした年では、海のいろいろな生き物や船、海にまつわる物語など、子どもたちの興味や理解がぐっと広く、深くなりました。普段の生活でも「海」というアンテナを張れるようになり、日常での気づきも増えているようでした。

キャンバスに「海」を描いた

年長さんの最後の活動では一人一枚キャンバスに絵を描いていて、「1年間ずっと海をやったから海以外でもいいよ」と伝えて子どもたちにテーマを決めてもらいましたが、「海なら何でも描けるから」と海をテーマに描くことになりました。よく知っていることが、自信につながったようです。

――小田さんは現在、フルタイムで会社員として働きながら、週1日芸術士として活動していますよね。働き方について詳しく教えてください。

芸術士として活動を始めて4年ほどして、それまでの芸術士と絵画教室の講師という生活から離れ、デザイン会社に就職することに決めました。正社員として就職したら、平日に活動のある芸術士を続けられないと思っていたのですが、ありがたいことに、会社からは振替出勤での対応で芸術士活動を了承していただけました。そうして２０２０

年からは絵画教室を卒業し、平日の1日を芸術士活動、その休んだ日を週末に振替出勤して週5日は会社員として働いています。

会社では、デザイナーとしてクライアントであるお店や企業に伴走します。お店や企業の想いをどんなふうに広く「見える化」するのかを考え、そのためのロゴデザインや制作物など、すべてを担っています。

――Wワークにより休みが週1日になったり、平日1日会社に出られなかったりと、大変なのではないでしょうか。

私にはこの働き方がすごく合っています。会社では一日中誰とも喋らずにパソコンで作業をしていることが多いですが、芸術士活動では子どもたちと一日中わいわいと触れ合えて、いい切り替えになっています。5日連続で会社の仕事をするよりも、2日働いたら芸術士の日、3日働いたら休日、という生活でバランスが取れてもいます。

ただし時間は常に足りない感覚があり、オフの時間は取捨選択をしながらやるべきこと、やりたいことをぎゅっと詰めていて、ほとんど家にいないですね。休みの日も、自然と規則正しい生活になっています。芸術士のミーティングに出られないこともありますが、SNSグループなどを活用してキャッチアップするようにしています。

芸術士活動で大切にしていることを教えてください。

絵画教室時代から大切にしていることですが、一番は、子どもたちの引き出しを増やすことです。技術はもちろん、

ビニール紐をロープに結んで垂らしたら、風で揺れるとざわざわと波の音がする。
その下をくぐって、海にもぐってみる。

発想の転換につながる考え方など、子どもたちのやりたいことを叶えるための基礎として必須だと考えています。

二番は、子どもたちに自分のやりたいことを限られた時間で見つけ、自分の切り口で創作してもらうことです。活動開始初期は、自由に描いてと言っても、隣の子が褒められたら、みんながそれを真似て描いてしまうようなことがよくありました。真似しなくてもいいよと最初に伝え、もし思い浮かばないようであれば「なにが好き？」「昨日何食べた？」などと声を掛け、「それを描いてみようか」と話しながら描きたいものを一緒に見つけていきます。

三番は、できない理由を潰して、子どもたちの可能性にストッパーをかけないことです。たとえば、描きたいものがあるけれど手が止まってしまう場合は、絵本やスマホの画像を見せてヒントにします。これは、大人が普段からやっていることですよね。

これらの根底にあるのは、子どもたちに生きていく強さを身に付けてほしいという願いです。誰かを傷つけるようなことはだめですが、目的を実現するためならどんなプロセスを踏んでもいいし、どんな方法でもいい。「自分の思いを叶えるのは一つの道だけじゃなく、さまざまな方法がある」ということを、芸術士活動を通して少しでも受け取ってもらえたらうれしいし、それを伝えることが自分の役目だとも思っています。

――そのように考えるようになったのはどうしてですか。

社会人になってからの自分の失敗や経験に起因しています。就職してすぐデザイナーとして働き始めましたが、学校でデザインについて学んだことはほとんど役に立たず、苦い経験をしました（苦笑）。それは学生時代に原理原則や方法論ではなく、ただ知識を詰め込む「勉強」をしていたからだと思います。それでは、いつもとパターンが違う際に臨機応変に対応できなくなってしまいます。

本質的な技術や知識の蓄積、問題の核を深掘りする観察力、ゴールに向けた最短ルートの検索などは、人生をサバイブしていくのに必要な能力です。子ども時代からこれらの片鱗を少しでも知っていたらという自分の経験が、芸術士活動に反映されています。

――芸術士とデザイナーの仕事、二つの仕事が影響し合うことはありますか？

なんでも影響していますし、それぞれの活動で自分が培ってきたものを相互に生かし合えていて、自ずと私が提供するものが増えている感覚があります。

デザイナーの仕事で知ったことや気づきは、私の経験を通して新しい世界を感じてもらえたらと、子どもたちとの会話や活動に盛り込んでいます。

芸術士活動では、子どもや保護者の視点を吸収することができ、子どもと関わっているからこそわかることが数多くあります。それをデザイナーの仕事では、幼稚園の施設のデザインや親子向けのワークショップなどで生かせています。日々子どもたちと触れ合うことで、彼らの新しい、素直な視点を借りて世界を見ることができ、それがデザイナーの仕事に影響することも多々あります。

——芸術士活動を始めてから、仕事やご自身にどんな変化がありましたか？

私自身はずっと変わっていくものであり、これが変わったという意識はあまりないですね。芸術士活動によって何かが変わったというよりは、あらゆることが関係し合いながら、ずっと自分に足し算されている感じです。膨らんだり、縮んだりを繰り返しながら変化し続けています。

——これからさまざまな人が芸術士になると思いますが、芸術士に必要なものは何だと思いますか。

伝えるということがまず大切なので、コミュニケーション能力は必要です。その上で、自分がそれまでやってきたこと、そこから学んだこと、自分の蓄積してきたノウハウを子どもたちと共有できることも大事だと思います。どんな職業でも、失敗を含めたどんなプロセスを踏んでいても、その人にしかない学びが必ずあり、それを子どもたちに伝えることができれば、誰もが芸術士になれるはずです。一つのことを突き詰めている人も、紆余曲折を経た人も、それぞれの地点地点で学んだことがあり、その人にしか見えない景色がきっとあります。

子どもたちが多様なように、芸術士ももっともっと多様になっていくといいですね。芸術領域以外にも、私のような会社員や、すし職人、お花屋さんなど、いろいろな人たちが子どもたちに関わることが、芸術士の意義をより深めていくだろうし、きっと子どもたちの人生のどこかで役立つと思います。

## 仕事・作家活動との両立：松尾真由美さん

（プロフィール）

香川県出身。武蔵野美術短期大学専攻科美術専攻（修了）、カーネギーメロン大学院美術専攻修了後、美術家として絵画、写真、インスタレーションを制作。日本各地で個展・グループ展を開催。海外でのレジデンシープログラムへの参加や美術館、大学、福祉施設等でのアートワークショップ、研修の開催など、精力的に活動する。広島市立大学芸術学部講師（２０１１年から２０１６年）広島ピースアートプログラムアート・ルネッサンス審査員、『かがわ・山なみ芸術祭』、『山の小さな展覧会』ほか。

――松尾さんが芸術士になるまでの経緯を教えてください。

香川県の高校卒業後に東京の美術短期大学へ進んだ当時から、児童館での子どもたちとの造形活動や造形教室には関わっていました。短大卒業後はアメリカの大学院でさらに美術を学び、帰国後は英語を教えながら作家として制作・発表をする生活の後、広島で大学教員として美術教育に携わりました。その中で子どもたちに絵画・造形を教えるワークショップの運営を９年担当しました。

芸術士を知ったのは、広島時代に子ども向けの芸術活動を調べていたときでした。芸術士に興味を持って調べるようになり、故郷の香川に帰る機会があれば、話を聞いてみたいと思っていました。

広島の仕事の任期が終わると、香川に住居を移しました。そして、あるとき芸術士の活動報告展を見に行ったんです。展示は、子どもを主体とし、彼らの創造性を伸ばしていく活動が伝わってくるものでした。作品からは子どもたちの瑞々しい感性が溢れていて、わくわくしましたね。

会場では事務局の三井さんや芸術士の方にお会いでき、芸術士への興味や、これまでの自分の活動について話す時間もありました。そこでの会話に背中を押してもらったのもありますが、美術や創造的な活動に携わりたい、美術の良さや楽しさを広めたいという自分の強い思いがあったため、芸術士になることを決めました。

――芸術士活動を始めてみて、初期はどんなことを感じましたか。

それまでのワークショップ形式の造形活動とは違い、一年を通して同じ園で活動することは貴重な体験でした。4月頃は途中で活動を投げ出していた子どもたちが、年度末には最後までやり通すようになった姿など、子どもの成長にはいつも驚かされています。

また、芸術士活動は、作品を完成させることをゴールにしたワークショップとは全く違う活動でした。芸術士になったばかりの頃は、自分の知識やものさしによる「こうあるべき」「子どもたちにこうしてほしい」という思いが強かった部分もありました。でも、だんだんと子どもを信用するようになり、彼らがやることを楽しめるようになっていきました。

そして、子どもをしっかり見つめていれば、彼らの変化にも気付くようになりました。他の子と比べてではなく、その子がどんな変化をしているのかをキャッチすることが大切だと、活動を通して実感するようになりました。

子どもたちのイラストカードを披露する松尾芸術士

――2018年から芸術士として活動して5年経ちましたが、芸術士としてのご自身の変化は?

最初の数年は芸術士としての役割をこなすことで精一杯でしたが、今は予定していたものが現場で変わってもなんとか対応できるようになりました。それは、自分だけで完璧にしようとせず、子どもや先生を信頼して委ね、ひとつのチームとして活動するようになったからです。

たとえばある日、持参した絵の具の中に、子どものほしい紫色がないことがありました。以前なら、ピンク色と水色を私自身が混ぜて作ったかもしれません。今では、「どうしよう?」と子どもたちに聞くようになりました。子どもたちが考えてあれこれと色を混ぜていくと、最後は灰色になってしまうのですが(笑)、「こうなっちゃった」と色の変化を味わう時間になります。

子どもは、「こうあるべき」ではなく、目の前にあるものを面白がる力を持ち、子どもたちのやり方で解決しようと考えてくれます。そんな姿を見て、何が起こっても私自身もその瞬間を楽しめるようになりました。そして、早く手が空いた子どもに「私の代わりに他の子を助けてくれる?」と言えば、喜んで他の子を見てくれます。素直に子どもや先生の手を借りることで、助けられるのはもちろん、その人の力が発揮される機会になるとも感じています。

「ダンボールであそぼう」のようす

――松尾さんは中学校の非常勤講師の仕事もされていますが、どのようにスケジュール管理をされていますか？

ここ4年は芸術士と美術の非常勤講師を、それぞれ週に2日ずつ割り振っています。曜日を決めて分けているので、スケジュール管理に困ることはありません。スイッチの切り替えは苦手なので、それぞれ2日連続するように組んでいます。私の場合、派遣される保育所が複数箇所あるので、不慣れな頃は訪問先を間違えてしまったこともありました（苦笑）。

他の日は、自分の創作活動をしたり、心身を休めたりして過ごしています。大学卒業後からこれまで、どこにいても、何をしていても、創作活動をするための体力や時間がもっとほしいというのはずっとありますね。生計を立てながら創作を続ける難しさは、アーティストにはずっとついて回るものだと思います。二刀流というか、わらじをいくつも履いて頑張っていますね。

――幼児と中学生、違う世代の教育現場に携わる相互作用はありますか？

芸術士活動で幼児を見ていることが、自分の助けになっていることがあります。中学生は思春期真っ盛りの多感で不安定な時期です。たとえ反抗的な時があっても、幼児からここまで成長してきたことを想像すれば、今のその子を受け止められます。芸術士になってから、子どもたちの気持ちに近づけるようになったのかもしれません。

また、芸術士と中学校講師を交代で勤務しているので、毎回新鮮な気持ちで仕事に向かえています。ステンシルやドリッピング、マーブリングなど、中学校で習う技法の難易度を下げて、芸術士活動でやってみることもあります。

2つの違う場があることで、いい意味で気持ちを切り替えながら仕事ができたり、造形活動のバリエーションが生まれたり、年齢の違う対象に美術の伝道師のような活動ができる、こういった面白さや相乗効果がありますね。どちらの仕事に行くのも楽しみになっています。

――芸術士活動と作家活動の関係性について聞かせてください。

以前まではコンセプト重視で抽象的な作品が多かったのですが、現在ではもっと身近な人々をモチーフにするようになりました。同じ子どもたちと長い期間関わることで、対象への理解が深まり、対象の変化に興味が湧くようになったのかもしれません。

また、私なりの美意識や観点とは違う視点や感性を目の当たりにすることで、多角的な視点で制作するようになったとも思います。たとえば、子どもがきれいになると思って色を混ぜたのにそうじゃなかった、そしたら今度は手や肌で味わおうと、身体に絵の具を塗り始めたことがありました。美しさへの興味が感触の味わいへと移っていく、そんな子どもたちの素直な心の動きが、私になんらかの影響を与えていると思います。

制作で壁にぶつかったとしても、芸術士の仕事によって物事を別の視点から見られるようになることや、新たな気づきが生まれることもあります。そして、故郷に帰ってきたことや年齢的な変化もあると思いますが、芸術士活動を始めたことで、肩の力が抜けた作品になってきたとも感じています。

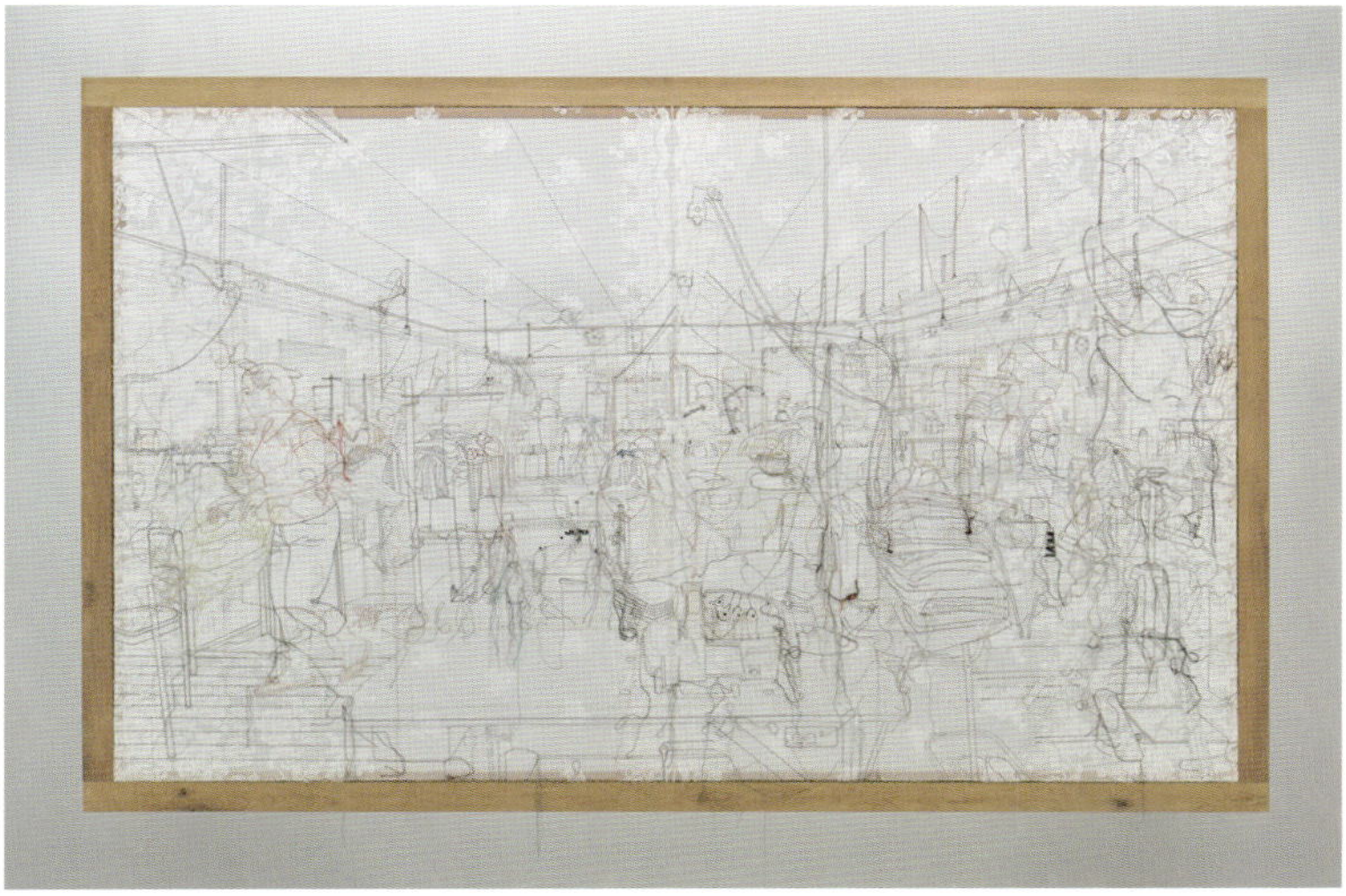

縫製師たち-seamstresses（2014）
糸、レース、洋裁用トレーシングペーパー　1300×2100mm

身近なできごとや人々を、絵と刺繍を組み合わせて表現しています。

「Life-patterns」
人のさまざまな生き方が幾多もの生活様式を形成しています。
この展示では、縫製工場で働く中国人実習生への取材、福島県での取材を基に、命や性に着眼して作品を制作しました。

――芸術士に必要なことは何だと思いますか？

そうですね……、自分とは違うものを受け入れられる力でしょうか。時と場合によっては難しいこともあると思いますが、それぞれに違いがあることを理解するように努めています。芸術士活動に限らず、多様な表現や存在が受け入れられる環境、社会になっていけばという思いもあります。

そして、埋もれている価値を見つけたり、価値を置き換えたりする発想も大事です。普段接しているものをそのまま受け流すのではなく、「もっと良くなるんじゃないかな」という気持ちや好奇心、「これでいいのかな」と優しく疑う心が大切だと思います。時にはそんな感受性が枯渇することもありますが、そんな時は自分を休めるようにしています。

芸術士活動では、言葉でも、数学でも、運動でも、なんでも得意なものでアプローチすればいいと思うので、何か芸術的な能力が必須なわけではないと思います。さまざまなバックグラウンドの芸術士が交わり合い、だからこそ大変なこともあるかもしれませんが、きっと芸術士同士の刺激にもなり、それが現場に還元されていくと期待しています。

技術的に必要なことはないと思いますが、強いてあげれば、何か得意なことがあれば、それが支えになるかもしれないですね。縄跳びやこま回しなど、芸術以外でもいいんです。得意なことがあれば、「それ教えて」ときっかけや会話が生まれていきます。

――現在の芸術士、中学校非常勤講師、美術家の生活スタイルは続けていきたいですか？

そうですね、できるだけ続けていきたいです。制作の時間だけでなく、社会的な接点も必要ですし、芸術士や事務局のすてきな人たちに恵まれて、良い刺激をもらっています。また芸術士には、音楽や造形など、さまざまな芸術家が集まっているので、共同プロジェクトが生まれることもあるんですよ。

若い頃のようには身体が動かなかったり、通院が必要だったり、これまでだったら自分の弱い部分にネガティブな気持ちを持っていたかもしれませんが、今はそんな自分を受け入れ、認めながら、心地よく生きている感覚があります。それは地元に帰ってきたこと、芸術士や中学校講師として幅広い世代に美術を伝え、幼児や学生と触れ合うこと、それらがさまざまなバランスで今の私を作っていると思います。

――芸術士活動に、どんな思いを込めていますか？

作品が残ることも大事ですが、芸術士活動を通して形に残らない何かが伝わったり、子どもたちが何かを覚えてくれたりしていたらいいですね。大人になるにつれ、子どもたちは変化していくと思います。幼児時代に少し変わった大人がいて、何か面白いことをした、そんな楽しい記憶が一つでも残り、その記憶で少しでも気が楽になったらうれしいです。しっかりしたかっこいい大人の中に、少し違う人がいたな（笑）、でもそんなふうにはみだしてもいいじゃない、とかね。私が無我夢中でばたばたしている間も、子どもたちはよく見ていて覚えているんですよ。

芸術士活動を通じて、自己表現の手段は、造形だけではなく、身体を使ったり、言葉を紡いだり、いろいろあるのだと改めて感じています。子どもたちの世界は、笑ったり、泣いたり、怒ったりと、五感を使った表現の嵐で、日々、子どもたちから教えてもらうことの方が断然多いです。私は自分の経験を通して伝えることしかできないので、もっと制作したり、もっと勉強したりしなくては――芸術士活動は、そんな活力の源でもあります。

## 第2節　子どもたちから学ぶこと

芸術士たちに子どもの頃、どんな子だった？と聞いてみます。それぞれの個性的な思い出が語られてドラマのような情景が生まれてきます。そして大人になる過程でそれぞれ失った言葉をふと思い出したりしてきます。芸術士一人ひとりは、年齢の離れた人格者（子どもたち）と対しながら、自分自身を見つけています。一貫していることは、子どもたちから学ぶ存在の大切さです。大人が偉いのではなく、子どもたちの煌めく個性を認めて褒め、輝かせていく役目が、芸術士としての存在意義です。ここでも、３人の芸術士から、現場で見つけた宝物の数々を披露いただきます。

## 子どもたちから学ぶこと：谷由貴さん

（プロフィール）
香川県出身。京都芸術短期大学（当時）で染織を学んだ後、染織家として活動する傍ら、現代美術家・川島猛の日本での制作アシスタントを長きにわたり務めた。２００９年の芸術士派遣事業開始時から芸術士となる。絵を描くことを中心に芸術士活動を行っている。

――谷さんにとって、子どもとはどんな存在ですか？

芸術士活動をするまでは子どもと関わったことがなく、私にとってはよくわからない存在でした。時にはどきっとするような鋭いことを言うし、未知の存在は怖くもありました（苦笑）。今では、よくわからないからこそ興味深くて魅力的ですし、経験則でこうだろうと考えていても覆されることが多々あり、子どもたちと関わることはとにかく面白いです。決して大げさではなく、芸術士活動のない生活が考えられないほど、子どもたちの存在が私の生きがいになっています。

子どもたちのすごいところは、大人が躊躇してしまうようなことにえいっと挑戦し、いつのまにか自分のものにしてしまうこと。なんて大胆なのだろう、どうしてこんなにすぐできるようになるのだろうと驚くことばかりで、この子たちが未来を作っていくのだなぁ……としみじみ感じています。

年を重ねた私にあるのは経験と知識だけ。子どもたちは私にないものをたくさん持っていますし、子どもは日々経験を重ね、その瞬間に新たな価値観をどんどん学んでいます。その姿を見ているだけでも新たな発見や刺激があり、側で見ているだけでも楽しいです。なんでも吸収して身に付けてしまうからこそ、関わる大人の責任が大きいと身が引き締まる思いでもあります。

園に行くときは相当テンションを上げているのでとてもエネルギーを使いますが、３日も芸術士活動がないと私がしゅんとしてしまうほどです。きっと子どもたちからエネルギーを受け取り、循環しているのでしょうね。芸術士は、私にとって天職です。

――子どもたちとの関わりで谷さんが
大切にしていることを教えてください。

一つは、私なりの方法で子どもたちの個性を見つけ、引き出すことです。芸術士活動をしていると、子どもの中にある個性が、光りだすように現れてくることがあります。みんなと同じことをしている中でも、なにげなく選んだものに個性が表れていたり、その子ならではのやり方があったり、観点が新しかったり。子どものやりたいように任せてはいますが、折を見て「いいねえ」「面白いことしているね」「もうちょっとやってみようか」などと声を掛けるようにしています。

なかなか動きが見えない時は、「ここがいいね」「この色が好きなん?」と声を掛けたり、見守ったりと、相手に合わせて私なりに子どもの背中を押すようにしています。きっかけさえあれば、あとはすぐにできてしまう、なんてことを何度も見てきました。

――活動中、谷さんが子どもを頻繁に褒めている姿がとても印象的でした。

無理して褒めることは全くなくて、思わず褒めてしまうほど、子どもたちが素晴らしいんですよね。みんな私にないものばかり持っていて、「敵わんなぁ」と思うところがどの子にもあるので、ついつい口に出てしまいます。大人には考えつかないような面白い発想の絵を描いてくれることがよくありますし、色の組み合わせに至っては子どもには敵わないと思っています。子どもたちがどんな絵を描いてきたのかは結構覚えていて、2歳から見ている子がこんなに描けるようになったのかと成長に驚かされることも多々あります。

個性を認めること、引き出すことは、やがて自分を信じる力、つまり自信につながるはずです。生きていればいろんな苦難がありますが、それを乗り越えられる人には自信があります。芸術士活動の中で少しでも自信をつけてもらいたい、そう願って子どもたちと接していれば、最初は「これでいいのかな」と大人の顔色を見ながら描いていた子が、のびのびと自由に描いていく姿へと変化していきます。

クラスのみんなで一枚の大きな絵を描き上げる

私自身、温かい目で見守ってくれ、背中を押してくれた人たちのおかげで自信を持てたという経験があります。認めてくれる人がいるって、大事なことですよね。

子どもたちとの関わりで大切にしていることの二つ目は、自分を取り繕わず、ありのままで子どもたちと関わることです。子どもたちは鋭いので、自分を取り繕ってもろくなことがありません（苦笑）。子どもたちの前で本気で泣いてしまったこともありますが、素の私を見せることで彼らと距離が近づくし、信頼関係につながっているのかな、とも思います。

たとえば、子どもの名前を覚えられなかったとき、ごまかそうとしてもすぐにばれます。なので、最初から「ごめん！　まだ覚えてなくて、教えてくれる？」と聞くようにしています。なかなか全員の名前を覚えるのは大変で、「私の名前もう覚えた？」と何度も聞かれたこともあり、大変でした（苦笑）。

一方で、ちょっとでも私に異変があると「どうしたの？」と声を掛けてくれることもあります。子どもたちは、私たち大人のことをよく観察しているので、気が抜けないですね（笑）。

少し前、足が痛くて周りに頼らなければ活動できないような時期がありました。痛くて足を引きずらないと歩けないんだと子どもたちに話すと、道具を持ってくれたり、心配してくれたりと優しい気遣いを見せてくれました。素直なコミュニケーションが生まれ、どうしたらいいのかを子どもたちが自ら考えてくれる姿が頼もしかったです。

一貫して、私は完璧ではなくこんなふうですすと出していけば、大人と子どもではなく、人と人とのコミュニケーションになっていくと思います。でも、最初の頃はそれがわかっておらず、カッコイイ大人でいようとしていましたね（苦笑）。

三つ目は、筆の持ち方や道具を大切に使うことを教えることです。箸を正しく持てたらごはんがきちんと食べられるように、筆の使い方がわかっていれば自分の思うように絵を描くことができます。最初は大変でも、３歳になる頃には筆を上手に使えるようになります。今まで描けなかった細い線が描けるようになれば、子どもたちも筆の持ち方を学ぶ意義を理解します。子どもが乱暴に扱っていたら「筆さんが悲しいよ」と声を掛けるなど、道具を通して物を大切にすることも伝えています。

――谷さんの思う「芸術士らしい」子どもたちとの関わり方を教えてください。

最初の頃は大人目線で意のままに動かそうとしてしまい、子どもたちのやる気を削ぐような関わり方をしてしまっていました。今では、どうやったら子どもたちが楽しく自分を発揮してくれるのかを考えるようになり、子どものいいところを引き出し、その子が自らアクションしていくためには何をするのがベストかを探ることが私のコンセプトになっています。

私の活動では、扱うテーマは先生と一緒に決めるものの、何を描くのかは自由で、子どもたちに考えてもらいます。いつも出たとこ勝負で、子どもたちが出してくれるものを受け止め、そこからどうしていけばよりその子らしくなるのかと次のアクションを考え、また子どもたちにボールを投げる――セッションのようなやりとりを経て制作しているので、毎回その子にしかないもの、そのクラスにしかないものができ上がります。

描きたい生き物を図鑑で観察する

子どもたちとのコミュニケーションも活動の一つ

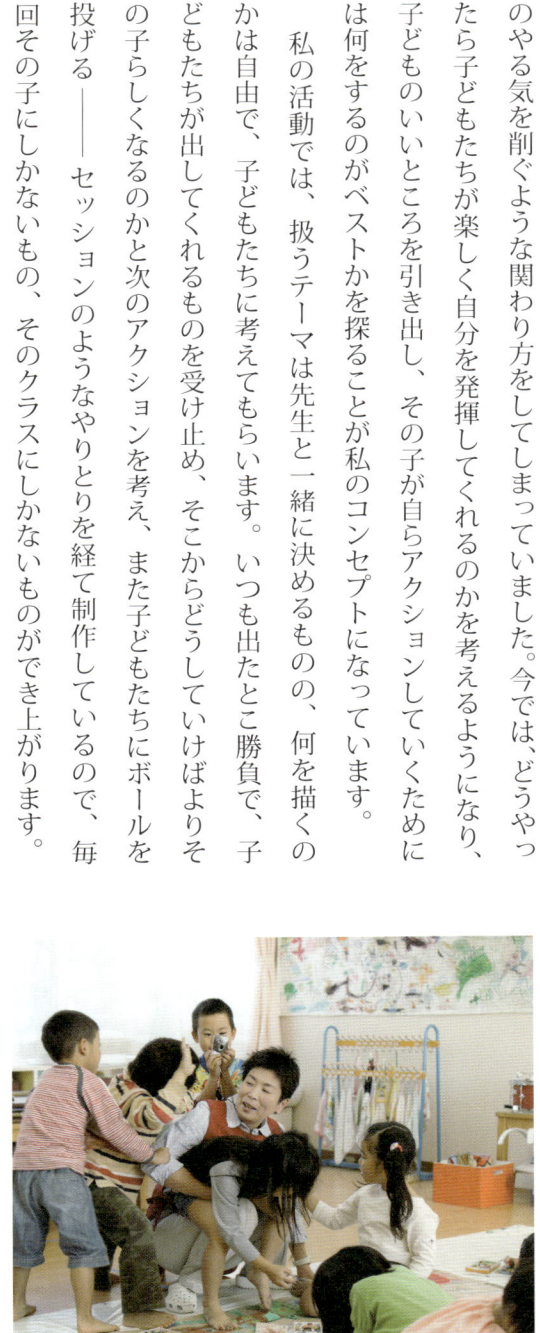

――なかなかうまくコミュニケーションが取れない子どもに対しては、どのようにしていますか？

知らん顔するふりをして（苦笑）、ちらちらと気に掛け続けるようにしています。苦手な人からぐっと距離を縮められても嬉しくないと思うので、積極的に話し掛けるようなことはしないですね。その子からこちらに近づいてくることもあまりないです。でも、それでいいと思っています。大人の世界でも同じで、みんながみんな私に興味を持つことなんてないですよね。無理はせず、でもいつか何か歩み寄れたらいいなとは思いながら、目線はきちんと注ぎ、みんなと同じように声を掛け、目配りは続けるようにしています。芸術士活動を通して、いつのまにか距離が近づくこともありますね。

――芸術士活動を通して、子どもたちにどんな願いを持っていますか？

自分に自信を持ってもらうこと、積み重ねることで成長していくこと、経験があるということが強みになっていくことを願っています。私と関わった子どもたちは絵に関する経験が多くなると思うので、それが強みや成長の糧になればうれしいです。

それまではマイペースで描きたいものがはっきりしなかった子が、ある日突然、図鑑を見て描きたいものをぐいぐい描き始め、完成したら自信たっぷりに私に見せてくれたことがありました。突然その子の力が開花したように見えますが、経験を重ねて重ねて……そして花開いたのがそのタイミングだったのだと思います。いつどんなふうに日々の経験が花開くのか、どんな可能性を秘めているのかはわかりません。そんな瞬間を楽しみに、さまざまな経験を重ねてもらえるよう活動していきたいと思っています。

芸術士活動を13年やっていますが、まさかこんなに長く続けられるとは思っていませんでした。子どもたちは卒園して入れ替わっていきますが、私はどんどん年を重ねていきます。自分の価値観がどこまで通用するのかという葛藤や、進化していく保育や子どもたちにどう歩み寄っていくのかなど、悩みもつきません。でも、この年になっても芸術士活動のような創造的で刺激的な経験ができ、子どもたちと関わることができることが幸せで、ありがたいことです。目の前の子どもたちのことを考え、古い自分を捨てて彼らに通用する言葉や方法を模索しながら、私自身をアップデートし続けていきたいです。

ぞう組「森の中の遊園地」

## 子どもたちから学ぶこと：ミズカさん

（プロフィール）

香川県出身。京都造形芸術大学子ども芸術学科（当時）を卒業後、作家活動と並行して芸術士となる。オリジナルキャラクター「ぼうや」の制作をライフワークとし、グッズとしても展開中。また、草木で染めた紙の表現を日々模索している。２０２２年高松市塩江美術館にて個展『ＷＩＴＨ』、２０２３年いの町紙の博物館（高知県）にて個展『ほころぶ』など。

――ミズカさんにとって、子どもとはどんな存在ですか？

私にとっては憧れです！　発言、発想、視点……子どもたちが発する全てが面白いです。私もかつて持っていたはずのものを彼らはたくさん持っていて、純度の高い宝石のようで、すごくいいなと憧れてしまいます。リスが齧ってぎざぎざに細くなったまつぼっくりを見て「山にエビフライが落ちているよ」と表現したり、白いマーガレットを見て「目玉焼きだ！」と声を上げたり。子どもたちと過ごしていると、大人の世界にはない視点や言葉と出会えます。

――子どもたちと関わる上で大切にしていることは何ですか？

芸術士になった当初から変わらず大切にしているのは、子どもたちのそのままの姿を受け止め、彼らの感じていることを共に味わおうと歩み寄ることです。そう意識するようになったのは、大学時代の保育実習でのある出来事が影響しています。

保育実習で給食前に子どもたちが手洗い場に並びながらきゃっきゃと笑っていて、なんだろうと見ると、足元に大きな水たまりがありました。彼らは水たまりの形を「マンモスみたい」「どこかの国の形だ」と何に見えるのか想像しながら遊んでいました。私も一緒になって楽しんでいたら、保育士から「遊んでないで早くしなさい」と声を掛けられ、水たまりはさっと拭われてしまいました。

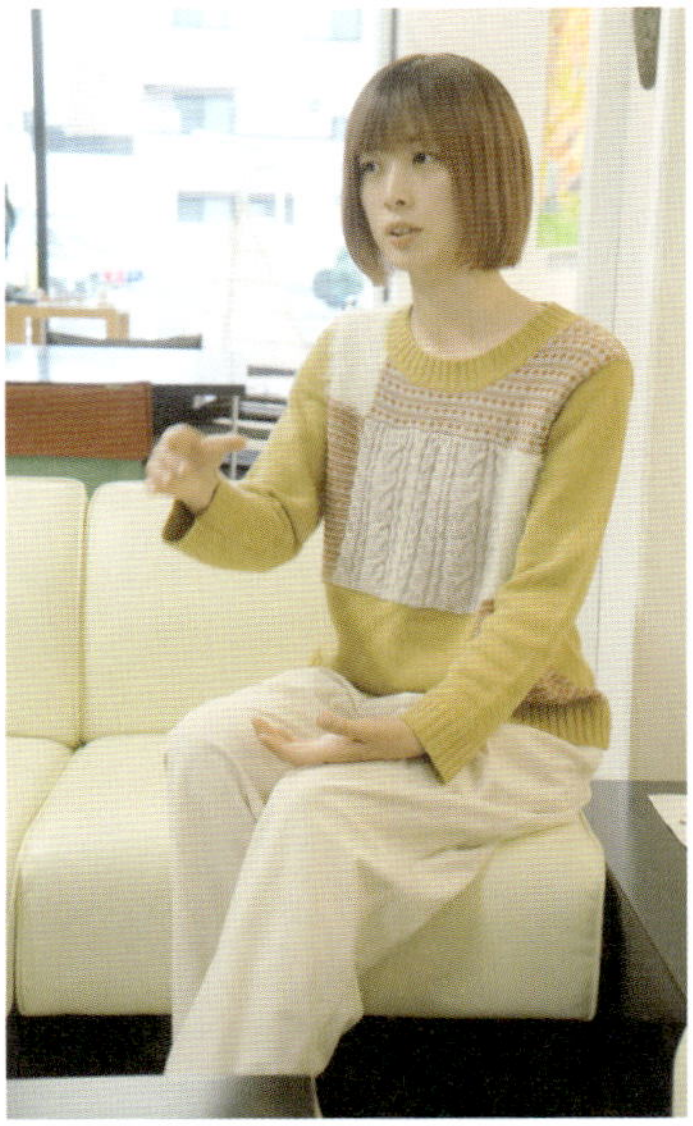

保育実習生としては、時間管理を意識して子どもたちがスムーズに給食を食べられるようにすべきだったと反省したのですが、ふと、その水たまりを一緒に楽しめる大人が一人くらいいてもいいのではないかと思ったんです。それが象徴的な出来事でした。目の前で起きていることを受け入れ、子どもたちが楽しんでいることがあれば共に全力で楽しみ、全てを同じ気持ちで共感することは難しくても、なるべく寄り添えたらと。それが芸術士として子どもたちと関わる際の軸になっています。今も常々できているだろうか、と自問自答しながらですが。

――そのために意識していることはありますか？

否定しないように心がけています。子どもたちが「間違えた」「失敗した」と私のところに絵を持ってきても、「失敗してもいいんだよ、次はどうしようか」と作戦会議ができればいいですよね。

たとえば、園からのリクエストで画用紙右下のスペースを空けておくと決めてあったのですが、一人の子が全面を絵の具で塗ってしまったとこっそり言いにきてくれたことがありました。「誰でも間違えることはあるし、大したことないんだよ。教えてくれてありがとう」とまずは伝え、「さあ、どうしようか」と作戦会議が始まります。

園には先生がいて、芸術士はまた違う役割を担っています。園で一人くらい「大丈夫」って言う人がいてもいいし、失敗してもいいし、失敗するのも大事だし、失敗した後がすごく大事だということを子どもたちに体験してもらいたいです。間違えることって、大事じゃないですか。

――「子どもたちを否定しないように」と思うようになったきっかけはありますか？

芸術士2年目にコスモスを描いてもらったとき、ある子がコスモスの花を虹色に塗っていました。すてきな感性だな、と思いつつも、先生からのリクエストは実物に近い絵だったので、「すごくいいね。でも、このコスモスはどんな色をしているかな」と聞いてしまったんです。すると「私は虹色にしたい。だってその方がきれいじゃん」と返ってきて、「ああそうやんか」ってドキッとしました。子どもが持っている発想や表現力を、私の都合で摘み取ってしまいかねなかった。その後、虹色のコスモスを見た隣の子も好きな色でコスモスを描きはじめ、自由な創作の連鎖が生まれました。

もし私が「この花は虹色じゃなくて白だから」と白で描かせようとしてしまっていたら、最初の子は自分の発想を大事にした絵をやめてしまっただろうし、その後のいい連鎖も逃してしまったかもしれません。先生とこの日の振り返りをした際に、「決められていた意図とは違うけれど、彼女の発想がすてきだったのでどうしてもやめることができませんでした。このまま飾ってもらえますか」と伝えたら、「あの子らしいね」と頷いていただけました。

この件で実感したのは、自分の一言の重さです。私のちょっとした一言で思うまま描くことをやめたり、都度「こうしてもいい？」と大人の目を意識したりするようになるかもしれない。子どもの中にある素直な気持ちはその子の表現であり、尊重していきたいと意識するようになりました。

——他にも、子どもたちとの関わりで
大切にしていることはありますか？

「子ども」だと思って接するのではなく、人対人として関わることを意識しています。そして、あらゆる「今この瞬間」を大事にするというか、逃さないようにしています。活動中の集中している子どもたちだけではなく、活動時間外の子どもたちのありのままの姿や素の表情にも注目し、一緒に遊ぶようにしています。

ある日、子どもを膝にのせていたら、その子が「明日の発表会緊張する〜……、でも、頑張るしかなーい！」と叫んだことがありました。いつも元気いっぱいな子の意外な

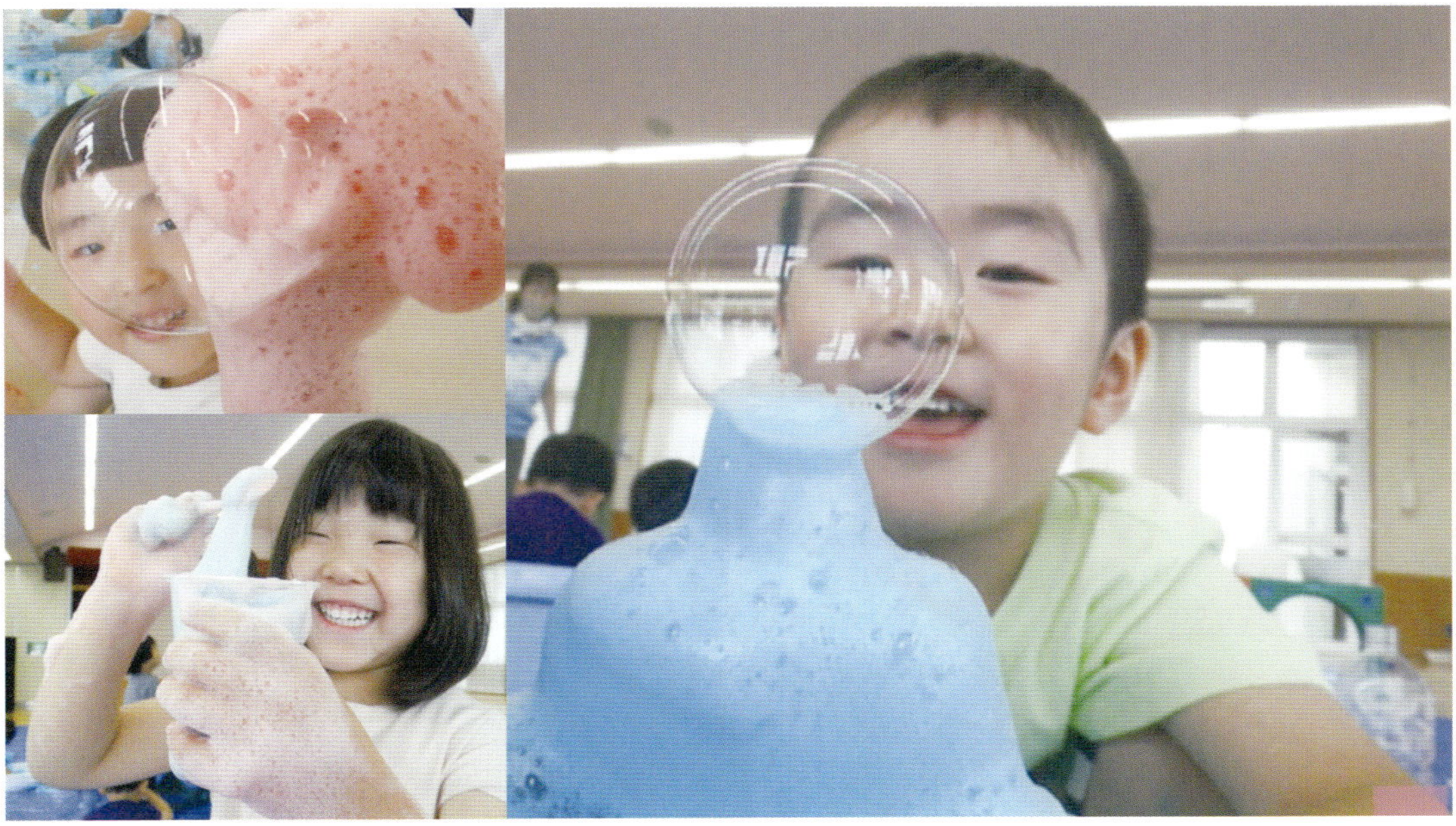

一面や、等身大のドキドキ、3歳の子が最後に腹をくくった瞬間に出会えたことは貴重でした。誰かと完全に同じ気持ちになることはできませんが、どんな気持ちなのかを想像できる人でありたいです。そして、想像することが寄り添うことにつながればと思います。

寄り添うって難しい部分もありますが、少し視点を変えるだけで目の前の事象の意味が変わってくると思います。たとえば、子どもが絵を描くときにいつのまにか画用紙からはみ出してしまったら、はみ出した事実だけを見るのではなく、一歩立ち止まり、はみ出す瞬間の子どもの気持ちや横顔を想像するようにしています。夢中だったのかな、楽しくてダイナミックになったのかな、いいぞ、もっとやっちゃえ、という感じで（笑）。そうすると、自然と「はみださんといて」ではなく、「ダイナミックだな」とポジティブに変換されていきます。

――芸術士活動で印象的だったこと、うれしかったことを聞かせてください。

芸術士として2年を共にした子どもたちとの卒園前最後の活動で、子どもたちから「ミズカさんと絵の具をしたい」と言ってもらったことです。芸術士活動最後の時間は、スライム作りやドッジボールなどのわいわい楽しいことを希望されることが多いので、うれしい驚きでした。

このクラスでは、青、赤、黄、白、黒の5色だけでどんな色が作れるのかを数か月かけて研究したことがありました。最初は絵の具の使い方に不慣れで、水が少なすぎてぱさぱさになって思うように塗れなかったり、水を入れすぎて画用紙から床にこぼしたりしていたのですが、回を重ねるごとに素材の扱い方や色の作り方を、子どもたちは自分で獲得していきました。一番多く色を作ってくれた子は画用紙十枚になるほどで、せっかくだから最後は本にしようかと提案したら、子どもが「図鑑みたい、色図鑑や」と言ってくれて、一冊の「色図鑑」になりました。

最初の方は黒っぽいページが続くのですが、ページを重ねていくとだんだんと色鮮やかになっていき、時にはグラデーションがつくことも。「次はこんな色を作りたいからこうやって混ぜよう」など自分たちで試行錯誤を繰り返していく姿が、とても頼もしかったです。この経験が子どもたちの中に残っていたこと、それが最後の「絵の具をしたい」につながったのだろうなと感じられたことが、すごくうれしかったですね。

――芸術士活動を通して、子どもたちからどんなことを学んでいますか？

子どもたちはあらゆることをありのまま受け入れていて、その姿勢はとても学びになっています。薄くて細いプラバンのような素材をたっぷり用意し、何をしようかと子どもたちに聞いてみると、私には思いつかないことがたくさん返ってきました。こう曲げたら八の字になる、丸くしてつなげたい、部屋を暗くして電気を当ててみよう――そ

色をつくって、その色に名前をつけて遊んだ

「ぶどう色にする！」

「しろくま色や！」

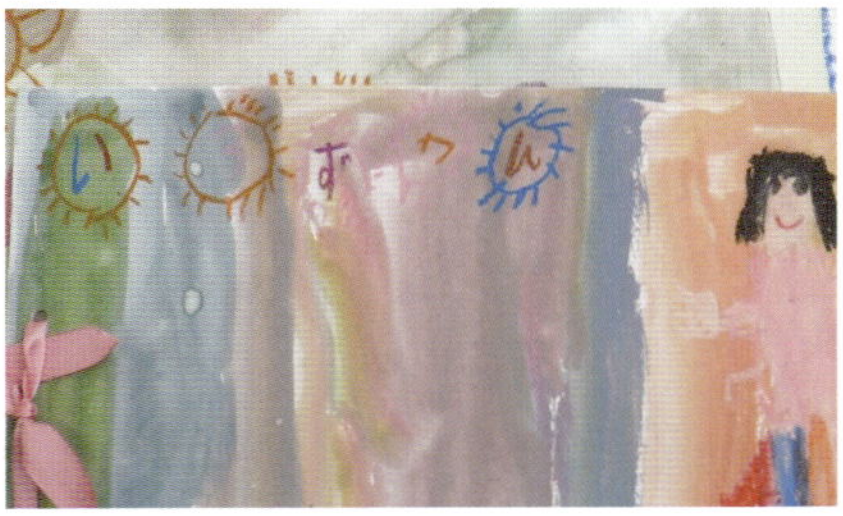

色ずかんの表紙の一部

「ぼうやの観覧車や！」

んなふうに素材をそのまま受け止めている姿に驚かされることもしばしばあります。芸術士活動で何か悩んだら、すぐ子どもたちに聞くようになりました。子どもたちからは、教えてもらってばかりですね。

彼らの感性をたくさんシェアしてもらってもいます。パンジーの花びらについた水滴を見た子どもたちが「氷の花だ」「花が凍っている、きれいだね」と話していて、ああそんな見方があるのか、こんな美しさがあるのかとはっとさせられることがありました。

別の日には、絵の具で塗った長い紙紐をテラスに干そうと運んでいたら、一人が「風が吹いているね」と呟きました。風の姿を、ゆらゆらと揺れる紙紐からとらえていたんですね。その一言で肌にあたる風にはじめて気づいて、「ああほんとだ、気持ちいい」と思わず声が出ました。

こんなふうに、大人にとっては当たり前のこと、常識として考えなくなってしまったことを、子どもたちは発見し、取り出し、するりと言語化しています。大人になるとこんなにも世界を見逃してしまっているのかと驚くほど。子どもたちの感覚や摩訶不思議な言葉たちは、ずっとノートに書き残しています。私のライフワークでもある作品「ぼうや」

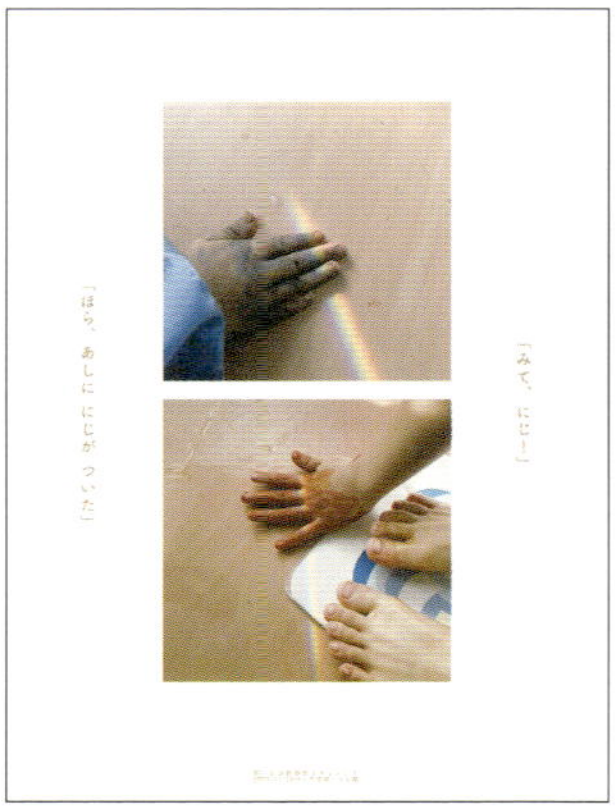


ミズカこどものことばより
(右)「みて、こおりみたい」
(中)「あ、かぜがふいてきた！」
(左)「みて、にじ！」「ほら、あしににじがついた」

に落とし込んだり、言葉を使った次の制作のエッセンスになったりと、自分の作家活動にもつながっています。

――どんな願いを持って子どもたちと関わっていますか？

思っていたものと違う結果になっても、失敗として終わらせず、そこから一歩進んで変換していく力をつけてもらえればと願っています。今回お話ししたことには、そんな願いが根底にあります。いろいろな視点や柔軟さを身に付けていくことは、変換する力となり、生きていく強さとなるはず。そのために私にできることを考えながら、子どもたちと活動していきたいです。

# 子どもたちから学ぶこと：モーリエール瞳さん

（プロフィール）

専門は平面、造形。パリ滞在中に出張型の絵画教室を主宰。２０１６年から芸術士として活動し、出産を機に一度離れ、一年で復帰している。日仏国際交流展（フランス、香川）、ふたり展『あかりとこおり』、『Shinkouji Art Project』、坂出アートプロジェクト、ＬＩＮＫ展（京都）出品など。

――モーリエールさんにとって、子どもとはどんな存在ですか？

遊びの塊！　なんでも遊びに変えてしまうし、子どもを見ていると遊びの塊が動いているような感じがして、すごく楽しいです。私の芸術士活動は、絵を描いたり、造作をしたりするのではなく、どろんこ遊びや水遊び、ボディペイントなどの「遊び」が中心で、長めに約2時間を確保しています。一つの遊びで自分の世界を突き詰めていくことや、時間をかけているから見える、山あり谷ありが面白いですね。

ある日、長いクラフトロールを2本園庭に隠しておき、「こんな色の、長くて丸いものが園庭のどこかに隠れているよ」とだけ言って活動を始めました。子どもたちは、自分で見つけた素材で一生懸命に遊ぶので、2時間もあったらクラフトロールの原型がなくなるくらいまで本気で遊んでくれるし、どんどん新しい遊びが生まれます。

砂場に埋めたり、話し合いもせず何人かで突然「えっほえっほ」と運んだり、たっぷりあるのに端っこを小さくちぎって一人で遊んだり。同じ素材でも予想外のことがいっぱいあって、毎回「そうきたか！」と驚かされることばかり。

大人が用意したわけでもなく、子ども同士言葉で示し合わせたわけでもないのに「これが面白い」と自分たちでどんどん遊んでいきます。

そして、子どもたちは「気づき」の才能に溢れています。夢中で遊んでいる最中に、思いがけず何かを発見したり、面白いことが起こったりと、未知の世界の片鱗に気づくこともしばしば。それを言葉で説明できるほど消化していなくても、何かの形で発信しています。なので、毎回「子どもってすごい」と先生方と一緒に感動してしまいますし、たくさんの刺激をもらっています。

たとえば、どろんこ遊びの最中に一人の子が「ぺんぺんぺん」と手のひらで砂場の泥を小さく叩きながら、「なんで泥って砂なのに、水なんだろう」と呟いたことがありました。ぺんぺんと泥を叩いていれば、泥からじわっと水が滲み出てきますが、泥にずぶっと手を入れると、砂がもりっと出てくる、その状態を繰り返しながらぽろっと出てきた言葉です。砂が水と混ざり泥に変化していく現象を、その子が自分で発見していたんですね。こんなふうに、子どもの中で何かが起こっている姿に出会うことが、私にはとてもたまらないです。

長いクラフトロール紙を自由にあやつり遊ぶ子どもたち

――子どもたちと関わる上で大切にしていることは何ですか？

まずは嘘をつかず、正々堂々とありのままの自分でいることです。そうしていると子どもたちも心を開いてくれるのか、自然といろいろな話をしてくれます。大人と子どもではなく、人と人として関わることを、子どもたちの姿から学んでいますね。

そして、私らしく、ユーモアをもって子どもたちと接するようにしています。子どもから「髪の毛が白いね、お婆ちゃんみたい」と言われたら「私はちょっと特別やから、特別な色が生えてくるんや」とか、「魔法をかけられたけんこんな色になったんや、ええやろ？」などと返すと、きらきらした目で想像して、受け入れてくれます。私がこんなふうに返すのは、子どもたちに見えないものを想像してもらうためでもあります。

そして、一緒に遊ぶ！　これが私にとっては、一番大事ですね。子どもたちには何かを教えたり、誘導したりすることはなく、「どうしてこうなるん？」と聞かれても、「さあ、どうしてかなぁ」とだけ返して見守ることが多いです。

子どもたちが散水ホースを見て不思議がっていても、あえて何も答えずにその様子を見ていると、遊びながらもその時に見つけた不思議やとっかかりがちゃんと彼らの中に残っています。その後、違う遊び――色水の入った傘袋に偶然開いた小さな穴から飛び出す細い水を見て「ああ、これがあれや」と震えるくらいの感動をそっと呟いたり、自然と点と点がつながって自分で仕組みを理解したりしてしまいます。すごいですよね。

子どもたちが自分の身の回りにある不思議に対して率直にあれこれ試し、考えているうちに発見すること、このプロセスをそれぞれのペースで味わうことは、貴重な体験です。また、今あの子は自分で考えているな、自分でやろうとしているな、という場面では、横から口を挟まずそっと見守ることを大切にしています。先生方も芸術士活動中は同じように見守ってくださっていて、ありがたいことだと感謝しています。

――モーリエールさんの活動では、いつのまにか子どもたちが夢中で遊び始めているような雰囲気が印象的でした。活動の導入は、どのようにしていますか？

言葉での説明はできるだけせず、材料をあらかじめ隠しておいたり、高いところから落としたり、音を立てたりと、素材との出会い方を大切にして、遊びに火がつく工夫をしています。色水遊びをするときは、あらかじめたくさんの色を用意して説明するのではなく、色が混ざっていく様子を一緒に見つめます。それを見た子どもたちは、私に与えられたものではなく、自分で見つけたものごとの中で遊びが始まる、そういうことに意味を持って活動しています。また、私がするのではなく、子どもたちが自分で発見する、ということを意識しています。ルールの説明が必要な場合でも、「この棒を振り回したら危ないよ」と説明するよりも、ぶつかりそうな動きをしながら「あらっ、危ないなぁ」という感じで見せていけば、子どもたちからは「ひーちゃん（モーリエールさんの愛称）、危ないよ！」と声が上がります。こんなふうに、子どもたちが自分で「危ない」と判断することに意味があると思っています。

――積極的に参加しない子どもがいたら、どのように接していますか？

軽く声を掛けるくらいで、極力言葉の量を減らしてコミュニケーションを図るようにしています。氷遊びをしたときに、氷や水が苦手な子がなかなか遊びに入ってこなかったら、うっかりという感じでその子の方に氷を転がして、ちらっと様子を見るなど、どうしているかな、これならやってみてくれるかな、という目線でアプローチしています。おとなしく座ったまま一日を過ごすような、水やどろんこ遊びなどが苦手なクラスを担当したことがありましたが、芸術士活動を3回くらい重ねるうちに、がっはっはと笑うようになり、けろっと泥遊びなどができるようになったことがありました。

遊びの導入では、楽しいよ、おいでよ、と言葉で言うよりも「○○ちゃんのこと好きやし、一緒に遊ぼ」と態度で誘うようにしています。目が合って、何かを言うのではなく「ん」、っていう気持ちの通じ合いのようなやりとりでしょうか。言葉にすると難しいですね（苦笑）。こういったことは芸術士活動以外の時間にもよくあり、活動以外の時間も大事にしています。

どろんこ遊びが苦手な子には、「ちょっとこれ持っておいて」とその子の役目を作りつつ、泥で汚れたものを渡してみたこともあります。心では「えー」と思っていたかもしれませんが、「ひーちゃんに言われたから持っておかなくちゃ」と頑張ってくれました、うれしいですね。

子どもが自分でやってみて何か失敗したり、何かができなかったとしても、その時のその子をそのまま受け止めていたいです。「水や泥が嫌いだからだめ」ではなく、苦手な自分ええやんか、という感覚ですね。ただ、水が苦手だとできる遊びが少なくなってしまうので、触ってみようかなという機会がくるように遊びと工夫を重ねてみます。その子のタイミングで自分から「えいっ！」といく瞬間、それを一緒に味わいたいですね。一歩踏み込んだ後、その子の新しい世界がどんどん広がる、そんなふうに自分で何かを見つけ、獲得していく姿はとてもかっこいいです。

――「ラブラブランチ」という活動について聞かせてください。

少人数の園で実施している、子どもと一対一でお昼ごはんを食べる時間です。お昼の時間に私がいると、はしゃぎすぎて落ち着いて食べられない子が出てきて、でも私とのお昼の時間も作りたい。そこで、お部屋ではいつもどおりお昼の時間を持ちつつ、個別に私と二人きりで過ごす「ラブラブランチ」をやろうと先生が考案してくださったところから始まりました。

誰とラブラブランチをするのかは事前に順番が決まっていて、子どもたちは「今日は私がラブラブランチ！」と、登園前から楽しみにしてくれているみたいです。食べる場所は子どもが自分で決め、大型遊具の中で食べたこともありました。二人きりでご飯を食べる時間と空間は少し切り離されていて、ばたばたと動いているみんなを遠くから眺めながら、じっくり、ゆったりといろんな話をします。

ラブラブランチでは、少し不思議な時間が流れています。いつもはやんちゃな子がべったりもたれかかって甘え、「こんなことがあってな」「僕、喧嘩するん楽しいんや」など、普段みんなと一緒に過ごしている時間には出てこないような話をぽろぽろとしてくれるようになりました。私にとっても特別な機会で、時には私から相談することもあります。この時間の話は二人だけのものですが、ごく稀に「これは」という問題に気づいたら、先生と連携を取ること

築山は子どもたちに大人気のスポット

「やった！晴れ！じゃあ築山集合ね！」素材まみれの姿で山を駆け登り、転がり落ち、寝転んで、ぼーっとする。

ラブラブランチの様子

一番人気の場所は築山。たっぷり1時間ランチを味わう。ここはみんなが豆粒くらいに見えるほど保育所から一番遠い場所。着くまでにお汁やお茶もこぼれるけれど、沈黙で虫や鳥や草の揺れる音が聞こえる。だんだんもぞもぞ少しずつ距離が近づいて、こっそり内緒の話を教えてくれる。

もあります。

コロナ禍では休止していましたが、現在では無事に再開され、発案者の先生が異動された先の施設でも始まりました。この特別な時間が、いろんなところに広がればいいと思います。

――どんな願いを持って子どもたちと関わっていますか？

大人になっても身の回りの不思議、面白さ、きれいなものを見つける気持ちを大切にして、自分から生まれた疑問や感動に素直でいてほしいと願っています。世界は広くて、もし今誰にもわかってもらえなくても、自分と同じ感性の人が必ず見つかります。なので、子どもたちにはとにかく自分に自信を持っていてほしいです。たとえ今自分一人でも、あなたがこうだと思う、その気持ちが大事だよとこっそり背中を押すこともあります。

自分の価値観があるということ、そしてみんながそれぞれ価値観を持っていることにいつかどこかで気づいたときに、「僕はこう思うけど、あの子はこう思うんだな」とか、誰かの考えを「すてきだな」と思えたらいいですね。子どもが「あの子の描いた絵、なんかすごい」と言う姿に、そんなふうに思えるあなたがすばらしい、とぐっときてしまうこともよくあります。

私は喋るのがずっと苦手で、絵画表現に出会ってやっと自分を開放できた経験があり、それが支えになりました。私にとっては絵画表現でしたが、子どもたちにとっては何になるのか楽しみです。言葉でも、絵でも、走り回るでも、どんな表現でもいいので、その子が今持っているものを見せてほしい、その世界を一緒に旅したいと思っています。

子どもたちが心に蓄えたものをどうやって外に出し、人に伝えていくのか。いろいろ試したり、うまくいかなかったり、それでも人に伝えたくてたまらない――芸術士はそういった感性を、それぞれのアプローチで育んでいく存在でもあると思っています。

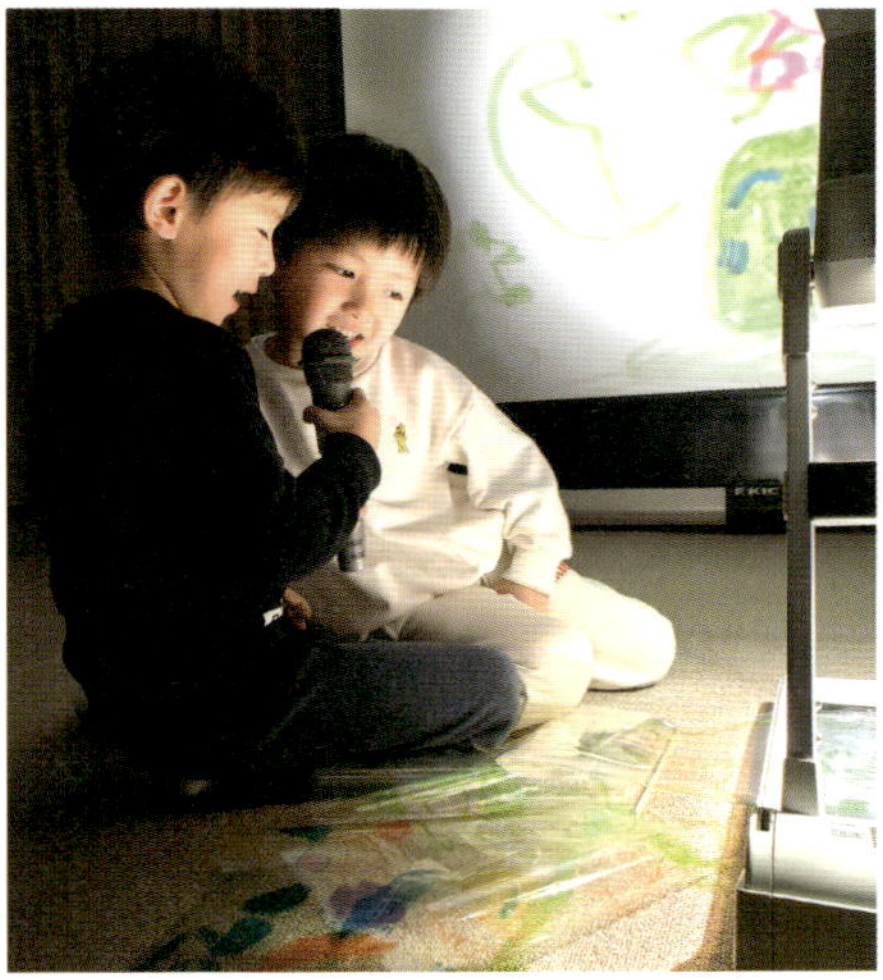

くらやみの中でお話あそび

今日はお部屋を暗くして、マイクを持ってお話あそび。
どんなお話が飛び出すかな？ くらやみだけで何だか楽しい。
少しずつみんなくっつき合ってほっこり。自作のお話をみんなに聞いてもらうよ。
わぁ！私の大好きなカエルも飛び出した。
少しずつ話したいことをつらつら話し始める。
いいぞいいぞ！その調子！ なんと2時間半!!
出番を待つのも 大変なのに、マイクを持ったらまた笑顔。
滑り台のお話。ぱぁっ！って周りを明るくするほどの絵！
もっとみんなのお話が聞きたい！
またきっと、お話あそびしようね。

# TIMELINE
## 保育園

**9:00**

**登園**　子どもたちと遊んで過ごします。
遊びの時間で育まれる芸術士と子どもたちとの関係がその後の活動に活きてくるので、大切な時間です。

**9:30**

**活動の準備**　今日は大きな抽象絵画を制作します。のびのびと色遊びができるように屋外で活動しました。
・布の四隅を引っ張って、地面に直角に立てます。
・絵の具は、青、マゼンタ、黄色の3色を用意。
・子どもたちが持ってきた500ccのペットボトルの蓋に2mm程度の穴を開けておきます。
（園の先生は、今日はダイナミックな活動なので、汚れても良い服に着替える手伝いをしたり、トイレに行くように促したり、子どもたちの準備を整えます。）

**10:00**

**絵の具遊びのはじまり**　数日前からペットボトルを持ってくるように伝えてあったので、ペットボトルで何をするのかとても気になって、活動前から子どもたちのテンションは上がっていました！（写真①②）

**11:30**

**片付けの時間**　紙コップなどは子どもたちも一緒に片付けます。使用した道具の洗浄や、活動場所の片付けは芸術士が担当。（先生は子どもたちの体についた絵の具を洗ったり、着替えの手伝いをします。）
作品は乾くまで外に展示しておきます。

①

②

縦 1m× 横 4.7m の布を使用。大胆に勢いのある画面に仕上がりました。乾いたらさらに上からペイントを重ねる予定。

12:00

**給食の時間**　忙しい先生をサポートします。今日は給食の配膳をお手伝い。

芸術士は持参したお弁当を子どもたちと一緒に食べます。

「どこに座って食べようかな～」「こっちにきてー！」一緒にお昼ご飯を食べるのも楽しみのひとつです。

13:00

**午睡の時間**

芸術士は休憩（1時間）

14:00

**ドキュメンテーション制作と振り返り**　先生が事務作業をしている間、日報やドキュメンテーションを自分のPCで作成します。なるべくその日の活動はその日のうちにまとめ、印刷し、お迎えに来た保護者に見えるようにします。

この時間に先生と活動の振り返りをします。

次回の活動については、先生に子どもの普段の姿や好きなこと、興味を持っていることを聞きながら打ち合わせで決定します。

「外でのダイナミックな活動は、普段はなかなかできないので、盛り上がって良かったね！」先生からの言葉に頑張る力をもらえます。

15:00

**起床・おやつの時間**　その日にあったことを話しながら。

15:30

**帰りの会の後、園庭で自由遊びの時間**　午前中の活動でできた作品がまだ園庭にあります。

「絵の具かわいたかな?」「この色きれい！」と鑑賞する子もいます。

16:00

**降園**　子どもたちに見送られながら。

スムーズに活動ができるように材料スペースを確保する。

**芸術士のコメント**

活動施設が保育園の場合は、午睡の時間があるのでその時間に休憩をとります。また、ドキュメンテーション・日報を作成、印刷、先生方との振り返り、次回の打ち合わせをします。

この保育園は子どもの人数が多いので、芸術士活動だけでなく給食の食器の片付けや布団敷きなどの保育補助も積極的に関わるようにしています。活動時間が9時から16時までと一日過ごせるのが芸術士の強み。ふとした時間に子どもたちとの距離が縮まり、継続的に関わることで活動が充実していきます。

# TIMELINE

## 幼稚園

### 9:00

**登園**　この日は雨風が強かったため、屋外での活動予定を中止し遊戯室での活動に変更しました。先生方と一日の流れを相談し、遊戯室で準備をしていると、子どもたちが「今日は何して遊ぶん？」「何してるん？」と覗きます。

### 9:30

**活動の準備**　全園児が各クラスでの朝のあいさつなどを終え、活動スタート。最初は窓からの風でビニール袋を膨らませます。次に長いビニール袋にサーキュレーターの風を送って長いトンネルのように膨らませました。子どもたちから「入りたいー！」との声。順番に2、3回入ったところで園長先生がふいに「ええなぁ～！楽しそうやな～！先生も入ってみたいな～！」と。「じゃあ先生やみんなで入れるもっと大きいもの作ってみる!?」とたずねると「つくりたい～！」と元気な返答。みんなで根気強くビニール袋を貼り合わせることができて、４ｍ×7.8ｍの大きさになりました。

### 10:30

**活動**　年長・年中児は、大きくなったビニールにお絵描きをすることになりました。海の生き物やぐるぐるの渦、大きなお芋も。シールや色紙なども使って描いていきます。午前中は思う存分絵を描いて、午後の時間に風を入れることにしました。

### 11:15

**片付けの時間**　みんなで道具やゴミを集めたり、床についたインクなどを拭き取ります。子どもたちは各部屋に戻り給食の準備を始めます。芸術士は片付けと、午後からの活動に向けて準備。

長いトンネルのような中を、ほふく前進しながら「きもちい～！」と躊躇なく風に向かって進んでいきます。

異年齢で刺激しあいながら思い思いに描きます。

12:00

**給食の時間**　この日は年中組と一緒に食べました。お部屋には大きなお芋のコラージュ作品が。前回の芸術士活動「霧吹きスプレー遊び」で色づいた紙を使って制作をしてくれたようです。

13:15

**活動のつづき**　再び遊戯室に全園児が集まり、いよいよ巨大ビニールに風を送ります。みるみる膨らむと歓声が！

自分が描いた絵を見つけたり、ゴロンと寝そべったり、先生と一緒になって各々の方法で楽しみます。施設でお借りしたサーキュレーターはそのまま、また翌日も遊ぶことができるように置いたままにしました。

14:00

**子どもたち降園**　お迎えの親御さんに活動のことを話す姿が見られました。

芸術士は職員室で休憩（1時間）

15:00

**先生方と活動のふりかえり**　撮った写真を見ながら、気付いた子どもの言動などを話します。各担任の先生と、次回の活動案や活動場所について相談し、準備材料などを決めていきます。

15:30

**ドキュメンテーション・日報の作成、印刷**　ドキュメンテーションは、当日仕上がらない場合は後日メールで送ります。

16:30

**降園**

膨らんだ青と黄色のビニールを、「太陽と星空みたい」「海と砂浜にも見える」と子どもたち。

**芸術士のコメント**

幼稚園は保育園と違って午睡が無く、降園時間が早いので、先生との振り返りや次回打ち合わせ等は、子どもたちの降園後に行います。

天気やその日の子どもたちの状況により、活動内容や活動場所、活動時間が変わることがあるので、先生と相談の上、柔軟に変更するときもあります。

## 第4節　芸術士が作る活動記録「ドキュメンテーション」の役割とは

### 「かたちにならない活動」だからこそ、ドキュメンテーションが大切。

芸術士は「ドキュメンテーション」（過程の記録）を作成します。「ドキュメンテーション」とは、芸術士が子どもたちと過ごす中で拾い上げた言葉や表情などを、写真・文章・映像等で記録したものです。子どもたち一人ひとりが持つ感性や個性の芽を発見する手がかりであると同時に、子どもたちの無限の可能性を社会に伝える役割を担っています。

園の中に、先生方が園での子どもたちの様子を記録した写真やコメントを掲示されているところも多くありますが、芸術士にとってドキュメンテーションを作ることは、とても重要な仕事です。これは芸術士活動をより良い活動にしていくためになくてはならないものなのです。

## ●子どもたちにとって

過去の活動のドキュメンテーションとして貼り出されているものを見て、その時の感触や出来事を思い出していきます。芸術士はいつもいるわけではないのですが、たまに来る芸術士を身近に感じてもらえます。そして、次回は何をしようかと楽しみが膨らみます。子どもたち自身の思いつきや発想が掲載されていると、とても喜んでいます。

## ●保護者にとって

どんな活動が行われたのかを知ることができます。楽しく活動する様子が写真とテキストで表現されているので、わかりやすい。子どもの意外な一面や素晴らしい発想を発見できます。家庭で子どもから園での様子が話されることが多くなり、その背景がより理解できます。

●先生にとって

芸術士との活動の振り返りや、子どもたちの様子や変化を共有する際の手掛かりになります。次回の活動計画を立てたり、園での活動につなげる手がかりになります。保護者への共有、芸術士活動でどんなことがあったかを説明しやすいのです。

●芸術士にとって

芸術士活動を通じて得られた気づきを、先生や保護者に伝えることができます。自身が関わった活動を客観的に伝わるようにまとめることで、芸術士にとっても内省の良い機会となります。同時に、他の芸術士の活動の様子を知るきっかけにもなります。

●行政、協賛企業にとって

芸術士派遣事業で行われた内容がよくわかり、、事業ＰＲにつながります。

●園以外での活用「芸術士としてのスキルアップ」

普段一人で園に訪問して活動を行う芸術士にとって、ミーティングや交流会で他の芸術士のドキュメンテーションを見ることは、芸術士自身のスキルアップにつながります。

活動に使われる材料や使い方、子どもたちの様子からの気づきなど、ドキュメンテーションからたくさんの

学びを得ることができます。そして、芸術士の専門分野を超えた情報の共有に役立ちます。

## 「芸術士活動への理解のために」

芸術士活動では、ドキュメンテーションを通じて芸術士活動への理解が広まることで、園の中での芸術士活動がより良いものになるだけでなく、社会全体として「子ども」について考える機会が増え、子どもたちの個性や感性を温かく見守り、受け入れることができる未来へとつながってくれることを願っています。

日々作られる膨大なドキュメンテーションを再構成する形で、芸術士活動の内容をまとめた活動報告冊子を作成しています。

ＳＮＳの活用、活動報告展、ドキュメンタリー動画の制作を通して、日々の活動の様子を発信しています。さまざまな媒体を活用しながら、幅広い理解に向けた取り組みを行っています。

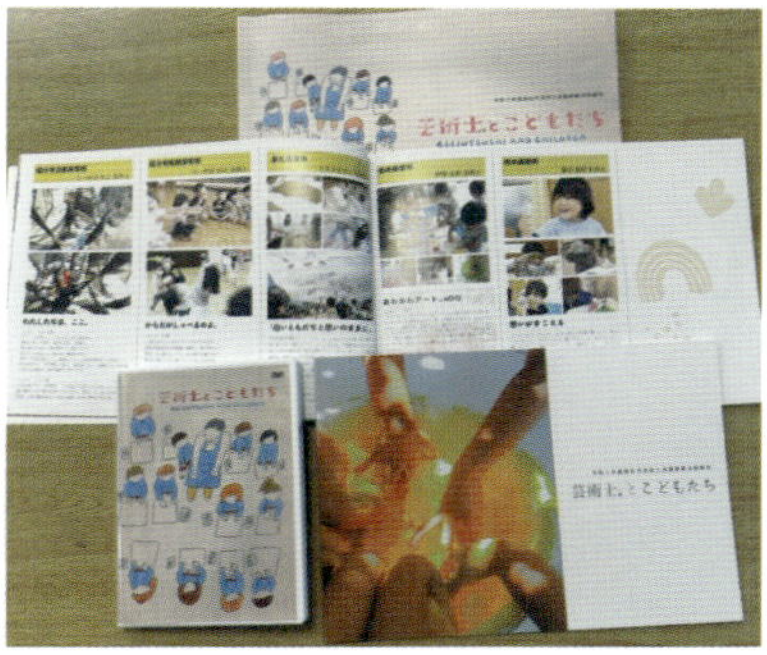

## さまざまな活動の広がりの中でのドキュメンテーション活用

一日の出来事としてまとめたドキュメンテーションをパネル化して展示しながら、他の施設での出来事を大勢の皆様にご覧いただくように活用しています。

保育士・幼稚園教諭、芸術士、行政、事務局合同の懇談会でのドキュメンテーションの活用。

## ドキュメンテーションの力で地域の協力を。

芸術士活動を知ってくださった、地域の企業・団体・個人から子どもたちとの制作活動に使用できる「遊べる素材」の提供をいただくことも多いです。

端材や廃材をいただくこともありますし、時には、子どもたちと一緒に端材や廃材が出る工程の見学に行くこともあります。提供いただいた「遊べる素材」は、材料そのものが持つ魅力を教えてくれるだけでなく、子どもたちと地域をつなぐ大切な役割を担っています。

## 第5節　保育者との連携～ふりかえりを活用して～

ドキュメンテーションは芸術士が子どもと社会をつなぐ架け橋であると、前節で紹介しましたが、ふりかえりも日々の活動の中でとても重要な時間です。次回の計画のヒントになっています。活動のドキュメンテーションを、できる限り降園時までに施設に貼り出して、お迎えの保護者の目に留まるようにしています。ご自分のお子様が写っている活動の一瞬をご覧いただくこと、その笑顔を共有することで、どんな一日を過ごしたのか、子どもとのコミュニケーションが一層深まってきます。保育活動を見守っていただく保護者の皆さんに、家では味わえない大胆な遊びの様子を全身で感じている姿が伝わればと思いながら、ドキュメンテーションを届けています。

そのドキュメンテーションを中心に、今日あった出来事や気づいたことを、保育者の先生方と共有するのがふりかえりの時間です。施設によって規模こそ違いますが、小単位では担任とのふりかえり、大きな規模では園長以下全体の職員会でのふりかえりをしています。その日に気づいた子どもの変化、子どもが発した一言、取り組んででき上がった成果物について等など。一日の活動をふりかえることで新たに見えてくる気づきが生まれ、気に掛かる子どもの変化を複眼で共有できます。芸術士としては、本来の狙いから外れて別の展開になっていくなどの過程を発見できます。また、コロナ禍以前までは、年間の活動報告展と題する展示会を開催し、一般公開して多数の保護者や関係者にご覧いただいていました。

芸術士の最初の企画書には、シュタイナー教育、レッジョ・エミリア教育から云々と、我々のヒントとなった先達の哲学者・教育者の思いが綴られています。アートが子どもたちに及ぼす力は、未成熟で無限の感性を忍ばせている幼児期の子どもたちに掛け算してみると、想像をはるかに超える化学反応を引き起こしてくれます。ピカソも言いました。「私も彼らのような絵を描くのに70年かかった」。子どもたちの目は、心の目なのです。私たち大人は、誰しもがそんな子どもから次第に大きくなりながら、子どもの頃の心の目を狭めてきたのかもしれません。ローリス・マラグッツィ氏も、子どもには１００の言葉があるという詩の中で、それを大人が99奪ってしまう。でも、子どもは１００あると言う、と表現しています。

芸術士は終始子どもが中心です。各々の子どもたちが発する、１００の言葉に耳を傾けます。そこにはきら星のような感性と表現がたくさん溢れています。メモしたり、写真に撮りとめたり、消えゆく一瞬をつなぎ止め、ドキュメンテーションとして記録しふりかえりの材料にします。そんな記録を見ていると、私たちは自分の中に消えていった心の目と99の言葉を思い出すことができるのではないでしょうか。子どもたちは、私たち大人に忘れかけていたたくさんの言葉を思い出させてくれるのです。小さな哲学者に感謝するのは、我々大人たちです。

子どもたちに関わる仕事を選び就業されている保育者の皆さんは、世間の大人たちよりも多分に心根の優しい人たちのはずです。しかし、日常の多忙で手の掛かる業務の中で、心の余白が無くなっていかれている方もおられるでしょう。子どもたちは未来から送られた宝物であり、過去を生きた私たち大人の鏡です。彼らの発する99の言葉と心の目を、今日一日からふりかえって探してみましょう。そこに生まれてきた斬新で思いがけない言葉、忘れていた光を少しだけ浴びることで、私たちの中の余白も潤ってくることを感じてください。ふりかえりは、子どもたちの一日のふりかえりと同時に、私たち大人の心の目、心の言葉へのふりかえりでもあるのです。

芸術士のお手本となったレッジョ・エミリア・アプローチの現場では、夕食後に施設に保護者とペタゴジスタ（保育教育家）、アトリエリスタ（ここでの芸術士）が集まって、ドキュメンテーションを中心に、２時間以上かけて保育の日常を語り合います。日本では、参観日くらいの活動しかありませんが、ドキュメンテーションから大人たちが学び合う、そんな保育活動が日常化できると素敵ですね。

# 芸術士と保育士が一緒になって

2022年6月に行われた「芸術士・保育士及び幼稚園教諭等の懇談会」の中で、モーリエール瞳芸術士と国分寺北部保育所の津島千恵所長先生から、芸術士活動の実践発表がありました。発表の内容を抜粋して紹介します。

**芸術士**　モーリエール 瞳（専門：平面・造形）
**保育士**　津島 千恵（国分寺北部保育所 所長）

**芸術士**：津島先生は、私がとても慕っている先生で、過去3年間一緒に活動させていただきました。間で1年、出産でお休みして、そのあとまた2年。芸術士活動をうまく利用して、うまく活用している。常に活動がより良くなるためにすごく協力をしてくれている、尊敬している先生です。

いろんな芸術士がいるんですけど、私は先生と協力し合えたら、より良い活動ができると思っているので、先生と芸術士の双方で子どもたちをしっかり見ていきたいと思って活動をしています。

津島先生と一緒にした芸術士活動の中で、先生の力をお借りした活動を紹介します。

これ、すごく寒い日だったたし、山の保育園だったから、私が行く前日に、バケツに水を張っておいてくださいとお願いしたんです。

当日、園に到着してバケツの水をひっくり返した時に、バケツの中ではこんなことが起きて、凍っていた。これ（下の写真）を先生たちや子どもたちと一緒に見てびっくりしましたね。

次の写真は、ブルーシートに水を撒いておいてもらったのがこんな形で凍っていた。この時に子どもたちが「冷凍庫の中の氷と自然が作った氷の温度は違う」と教えてくれました。こういうのは大人の私も知らないことだったし、先生たちも知らない

下がバケツの表面の氷、上がバケツの中の氷

ブルーシートに水を撒いてできた氷

ことだったので、子どもたちの発見に感心しました。

私、4月5月からずっとビーチサンダルで保育園に行くんですけど、子どもたちが「なんで裸足なん?」と。で、私は「え? このきれいな靴下見えんの? めっちゃきれ〜やのに」と裸足をすべすべ触っていると、津島先生がすぐにのってきて「うわ! ほんまキラキラしとる〜」と。そうすると子どもたちも「ほんまや〜、キラキラしてる。めっちゃきれ〜」って言う。子どもたちの想像と現実の境目を一緒にうろうろする。こういうことをよく津島先生と一緒にやるんです。

もうひとつ、津島先生の力をお借りしたのが、これ（左の写真）です。

ある日、お部屋にあるものに目玉とか色々なものをつけて、廃材や、ウレタンのブロックをつなげて、生き物にしていったんです。キリンに見えないけど、子どもたちからしたらキリンなんです。

廃材やウレタンブロックのキリン

そのキリンを作ったあとに、「一人の子がティッシュの空き箱でここに口をつけました。そしたら、もう一人の子が『これ食べ〜』と、キリンにピンクに塗った紙のハムを食べさせていく。そしたらまた誰かが、緑色の紙を『レタスや』と、えさをやってるんや〜」と津島先生が教えてくれて。

そこで「これ（キリン）、動いたら面白いよね」という話になって、動かしてくれたんですよね。子どもたちが帰ったあとに、毎日2〜3センチずつ。そしたら子どもたちが「うわ! 生きてる!!」ってなって。

これらは日々、そうなんですけど、私が毎日園にいないので、その間、先生が活動を継続するために協力してくれているからこそできた活動です。津島先生が活動をより良くするために、曜日を固定して「この曜日はもう汚れていい格好で来てください」と保護者へ伝えてくれる。私（芸術士）が行かなくても、先生たちで何か汚れる遊びをしてくれて。

## 子どもの「遊び込めない姿」

**保育士**：曜日を固定した理由なんですけど、一番最初、子どもたちが「遊び込めない姿」がちょっと気になったのと、「遊びを見つけられない姿」があって。それを保育士と話していく中で、「遊びの時間が短いのが原因のひとつではないか」という話になって。

保育所で週に1日、まずは給食の時間までずっと遊ぶ時間を作ろうというところからスタートで、その時間に芸術士さんに週に1回来てもらうようにしたら、芸術士活動もできるし、クラスの保育も今まで通りできるのではないかと。芸術士の時間もうまく使えるし、「遊び込む」というところもうまく使えるのではないかということで、週に1回「遊び込む日」ができました。

今年度は、芸術士のむーさん（村井知之芸術士）に来ていただいています。芸術士活動は月に2回程度になりましたが、週に1回の「遊び込む日」は続けていて、職員が「3・4・5歳児は遊び込む日にしましょう」ということで、子どもたちは何も目的も決めず、ずーっと好きなことをしています。むーさんも、子どもたちが遊んでいる中に自然と入ってきて、自然に一緒に遊んでいるという姿があります。

**芸術士**：しっかりと時間を確保してくださるので、「○○作り」のような時間にならずに芸術士活動ができる。「遊び込む日」が曜日固定で週に1回と決まっているので、子どもたちはその日を楽しみにダッシュで来るし、やる気満々で現れる。子どもたちには「この時間は確実に楽しんで帰るぞ!」という気持ちと「安心感」があるのかな、と思います。

**保育士**：所長としての立場でお話しさせてください。保育士として、遊ぶ中で「職員と芸術士とをつなぐ」ことを私はすごく大事にしています。職員には4月にいつも1年間の色々な話をしますが、その時に「遊び込めない姿」という話が出てきて、週に1回の固定の遊ぶ日を作ったりしています。

その中で、一番最初に芸術士に出会った年には、「何かをしてもらおう」とか「何かを教えてもらおう」とか「芸術活動を教えてもらいたい」という思いでいたのですが、芸術士と一緒に長いこと活動していくうちに、既存の何か形があるものではなくて……。たとえばひーちゃん（モーリエール瞳）だったら、子どものつぶやきをすごく上手に拾ってくれる。子どもの何気ない発言や発見を拾ってくれる。それが私たち保育士からしたら「この子ってこんな一面があったんや」と新たに気づくことができる。芸術士さんと過ごす時間は「私たちも、子どもになって一緒に遊ぼうね」と職員間で活動を行っています。

## 保育士も子どもになって遊ぶ

**保育士**：芸術士さんが来る日は、子どもと同じ目線になって、たとえば、外でするのであれば、職員も汚れていい服で来て、裸足になって、必ず子どもと一緒にドロドロになって遊ぶ。それをすることによって、いつもだったら保育士側が「今日は泥んこ遊びをしよう」となったら、やっぱりある程度の「ねらい」や「目的」があって「その範囲で」活動するんですけど、芸術士さんとするときは、子どもと同じ立場で遊ぶと「ねらい」とか考えなくていいので、新しい発見とか、子どもが温度の違いに気づいたりとか、足の感触の違いに気づいたりとか、（泥んこ遊びが）苦手な子も、端で見ているけど視線はずっと遊んでるところを見てるな、とか、いろいろと発見があります。

**保育士**：職員も、最初はやっぱり指導したくなることもありました。「こうすると面白いよ」とか、「この泥水ちょっと足にかけてみて」とか、コップに入れて「ジュースみたいだね」とか。いろんなことをちょこちょこ誘導しがちになるんですけど、ずっと遊んでるうちに、あえて子どもたちに声をかけなければ、子どもたちって自分でいろいろな発見やつぶやきをしてくれるということに気づき出すと、職員もだまって黙々と遊んでいる。

**芸術士**：本当、逆に子どもたちの方が「大人が子どもを見守るように」見てますもんね（笑）。

**保育士**：遊ぶのに夢中で。でも、それがすごく大事なのかなと私は思っていて。そのあと「ふりかえり」を必ずさせていただくんですけど、芸術士のやった活動のふりかえりというよりは、私自身が気をつけているのは、「子どものつぶやき」とか「子どもの発見」の話を重点的にやりたいと思っています。

活動は、もちろんすごく面白いし、私たちも勉強になることもたくさんあるんですけど、やっぱり芸術士の方が来てくださっているので、意見が一致するのは子どもの成長かと思うので、子どものつぶやきについてお互いに言い合うと、理解したり、充実したりするので、それが子どもの新しい発見になったり、子どもの成長をすごく見ることができて。

またそれをお迎えの際に保護者に伝えると、保護者の方も芸術士の活動を理解してくださる。ドロドロに汚れて帰ってくるんですが、でも「こういう活動をしていて、子どもがこう言っていて、こういう成長につながっている」と伝えると、保護者の方も芸術士の活動にすごく理解を示してくださる。そうなると芸術士活動がすごくいい感じに進むので、私は職員と子どもと保護者のみんなが、「芸術士活動っていいんだなぁ」と思って楽しく活動してもらえるといいなと思いながら、日々楽しく過ごしています。

### 自分が作ったものに誇りを持つ

**芸術士**：3年間（津島先生と芸術士活動を）やってきた中で、子どもたちが変わり、先生が変わり、1年が終わったときに、頑なに、まじめに子どもを引っ張っていこうとしていた先生が、「私の保育を、ちょっと、見直したわ」とよく言われる。それはやっぱり、子どもを見る視点を「共有」できたというか、芸術士活動があって、ふりかえりがあってだと思うんですが。先生たちは毎日子どもたちを見ているし、芸術士はたまにしか来ないけど、やっぱりそこで先生と芸術士の視点を共有できたというのが多々あって。津島先生はふりかえりの時間をすごく大事にしてくださるので。

津島先生と共通しているなと思うのが、「絵や工作が上手くなって欲しい」とは思っていなくて、「その子が自己表現ができるように」、その子が「楽しい」と思えて、思いっきり楽しめるような活動にしてあげたい。

### 最高の自分になろう！の日

**芸術士**：津島先生が私の活動の中で記憶に残っているっていう、その話を。ある日、4歳くらいの子がなりきり遊びをしていたのですが、本人たちはなりきり遊びだと思っていなくて。津島先生は過去に活動で使った素材を全部捨てずに取っておいてくださっていて、トイレットペーパーでもなんでもそれらを全部出してきて、「なりたい自分になっていこう」「最高の自分になろう」っていうのを、ちょうどハロウィンの時に交流会があるからそれに合わせてやりたいということでやりました。普段は年度末にすることを、10月末にやりました。

**保育士**：川東こども園さんと交流でハロウィンパーティをしようということになってこの活動をやりました。

私がなんでこの活動が一番印象に残っているかというと、子どもが自分で衣装を作ったので、大人が見るとちゃんとでき上がっているようには見えないんです。子どもは「ドラキュラ」だと言うけど「う～ん、ドラキュラかな?」というような。見た目ではまだまだアレンジのしようがあるんじゃないかという感じなんですけど、子どもはすっごく自分が作った衣装に自信を持っていて、すごく堂々と「見て!」という感じで歩いているのがすごく印象的で。交流会だったので、交流する園の子も一緒に衣装をつけて。

**芸術士**：作るのが苦手な子だったんです。だけど、完全になりきっています。魔法の剣に雷が落ちている。それから、魔女鍋を作る様子です。

魔女がイーッヒッヒと言っていたり。魔女鍋を持ってパレードすることになりました。布とかもほとんど過去に遊んだものを材料に使っています。「こうしたら?」と（大人が）言って作ったものはなくて、子どもが自分で作ったものばかり。

**保育士**：なので、自分が作ったものに本当にすごく誇りを持っている。大人の価値観で、見た目が綺麗なものを求めてしまいがちだったんですけど、自分で一生懸命作ったらもっと愛着もわくので、こんなに自信を持って堂々とパレードできるのかと私はすごく感動しました。すごく素敵だなと思ったので、より一層芸術士活動や、芸術士さんってすごいと。

今まで派遣がある年とない年があって、派遣がなかった年は、保育士だけで保育所をやっていくのがすごく苦しかったので、これからはずっと（芸術士が）いてくれるというのはすごく嬉しかったです。なので、これからもずっと続けて欲しいと思います。

「魔法の剣」に雷が落ちているようす

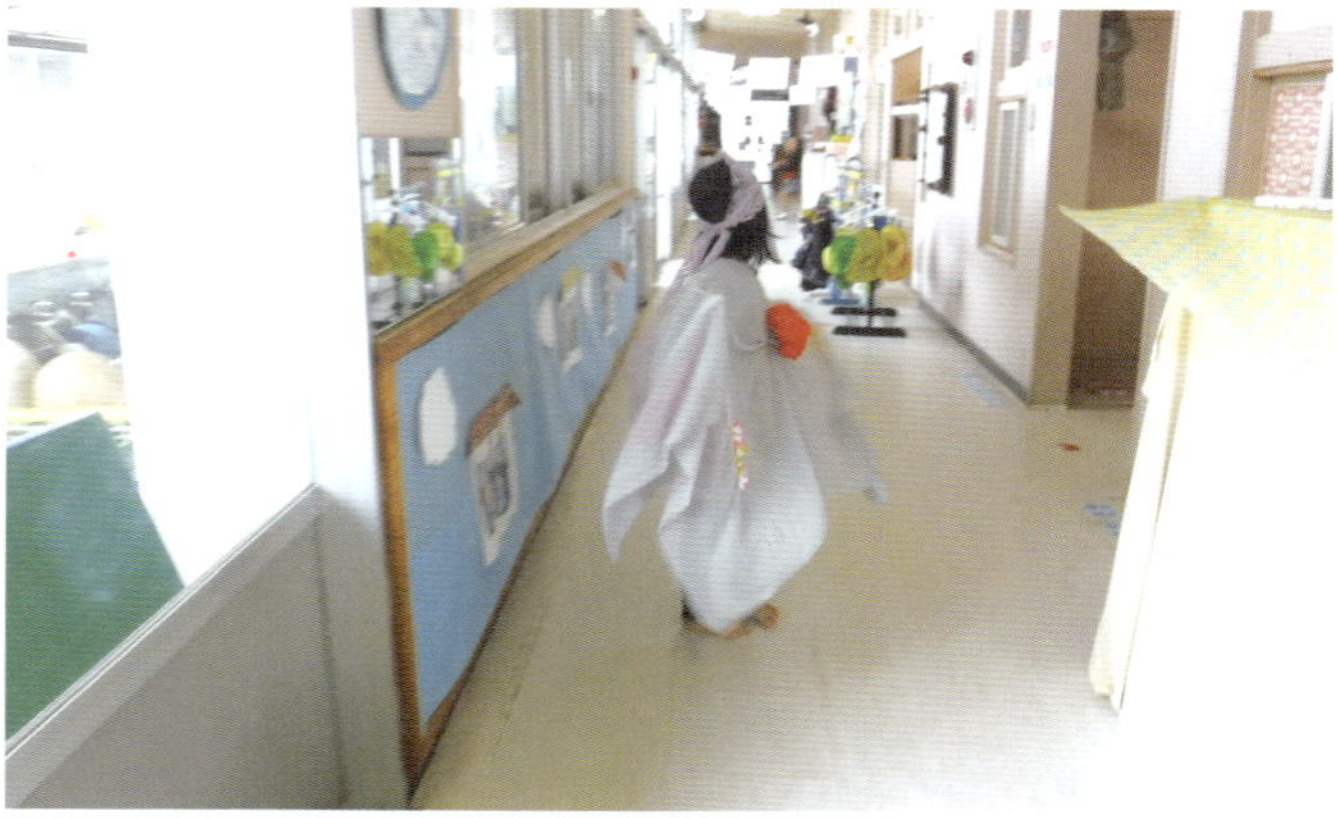
ハロウィン衣装を堂々と着こなす

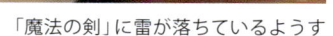

「魔女鍋」を作るようす

## 子どもの「遊び場」を作りたい

**会場から質問**：津島先生は、派遣が週に1回だった頃や、派遣がない年、そして現在（月2回程度）を経験されたと思いますが、受け入れる施設として気になる点や良かった点などはありますか。

**保育士**：確かに、週に1回芸術士が来られていたときは、芸術士主体で遊びが毎週継続してできていたので、次週の相談をするときも「今回面白かったから来週も続けようか」と活動していたんですけど、現在は、芸術士がいないとできない活動だったら続けられないというものがあります。

なので、今年度私の保育所では、今までなら芸術士が来る日に「ボディペイントをしましょう」とか「今日はダンボールで遊びましょう」という活動が多かったんですが、今年度は「この日にこれをしましょう」ではなくて、継続的に、3月まで長く見越して……。すごく漠然としているんですけど、子どもが遊び込める「遊び場」を、今、芸術士のむーさんと作ろうとしています。その「遊び場」が変わっていたらその写真を撮ったりして、次にむーさんが来られた時に伝えています。「今、子どもたちはこうやって遊んでいますよ」とか、逆に遊びがなくなってきたときは「遊びが盛り下がってきています」という感じで。イベント的に芸術士の活動を見るのではなくて、長期的に、芸術士が来ていないときでも週に1回は「遊ぶ日」にしているので、今いる保育士で遊びを継続できるような形で関わっていきたいな、と思っています。

週1回来られていたときは、確かに毎週すごく楽しかったので、来ていただけてすごくありがたいという思いも半分あるんですけど、芸術士が来ていた年の子どもたちの保育の充実具合と芸術士が来なかった年を比べると、やはり保育士だけではなかなか難しい部分があると、すごく実感しました。私は、派遣がなくなるよりは、毎年芸術士に来てほしい。「新たな視点」で子どもの成長と子どもの活動を一緒に見守って、「芸術士と保育士で一緒に話し合える関係」を継続していけるのがいいと思います。

# 4

# 子どもたちとの化学反応

芸術士の日々は、トライ&エラーの連続です。
思いがけない展開や出来事が生まれてきます。

絵：「かめきりん」
「ふじぐみのへんなせかいずかん」より

Case Study

# 01

子どもたちのアイデアで広がった
長期プロジェクト

# へんなせかいずかん

芸術士：永島香苗
Kanae NAGASHIMA
専門：絵画

**活動した園：**
川添保育園 5 歳児

**活動の時期：**
2011 年 7 月〜9 月
ひと夏の出来事

●広島市立大学油絵科卒業。在学中にイギリスキングストン大学に短期留学。独立展入選。瀬戸内国際芸術祭 2013 で子どもを対象とした参加型作品「はじまりのまち」を制作・展示。その他個展やグループ展、ワークショップ多数。

## はじまり

お昼寝から起きたら
絵に描いてみようよ！
と声をかけてみた

お昼寝の前に担任の先生が読み聞かせしていた『したのどうぶつえん』（くもん出版）という絵本がきっかけ。
絵本を読み終わると、子どもたちからぽつぽつとオリジナルのいきものが出てくる。

目が覚めた子どもたちが
オリジナルのいきものを描きはじめた。

自分が考えたオリジナルのいきものをもくもくと描きはじめる子どもたち。面白い！！

園にあったわら半紙や広告の裏に！

休み時間に流行った遊びみたいに
どんどん描きためていった。

［ぱんごりら］
生息地：森
好物：ぱん
発見者：あみ博士

［うそつきりんご］
生息地：木の上
好物：木
発見者：あみ博士

［こうもりんご］
生息地：木の中
好物：りんご
特徴：飛ぶのが速い。木の実やりんごが、腐っていないか見分けるのが得意。
発見者：ときや博士

どんないきもの？
どこに住んでるの？
得意なことは何ですかー？

描いた絵に質問して、話してくれた内容を絵の裏にメモしていった！

子どもたちが
自分が描いた絵と
遊びはじめたので

お散歩に
連れて行こうよ
と、外に連れ出した

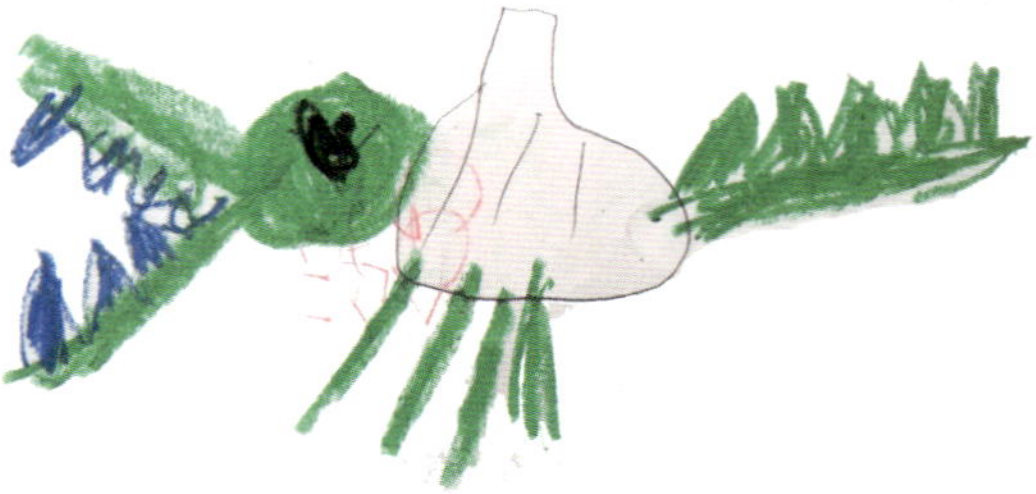

［わにんにく］
生息地：海の中　　好物：さかな
特徴：いつもはゆっくりと動くが、海の中で魚を見つけるとすぐに速く泳いでつかまえに行く。エサが欲しいときは「ガオー」と鳴く。すると魚のほうから寄ってくる。
発見者：ときや博士

## お散歩へ

## 図鑑化

ずかんになっちゃうね！

たくさんたまった絵を見た子どもから「ずかんになっちゃうね！」の声がでて、図鑑にすることに！　図鑑名は「へんなせかいずかん」に決定（いくつか候補を出して最終的には多数決で決めた）。図鑑を参考に見ていた子どもたちは…

「オス！　メス！」
「住んでる場所！」
「好物が書いてあるね！」

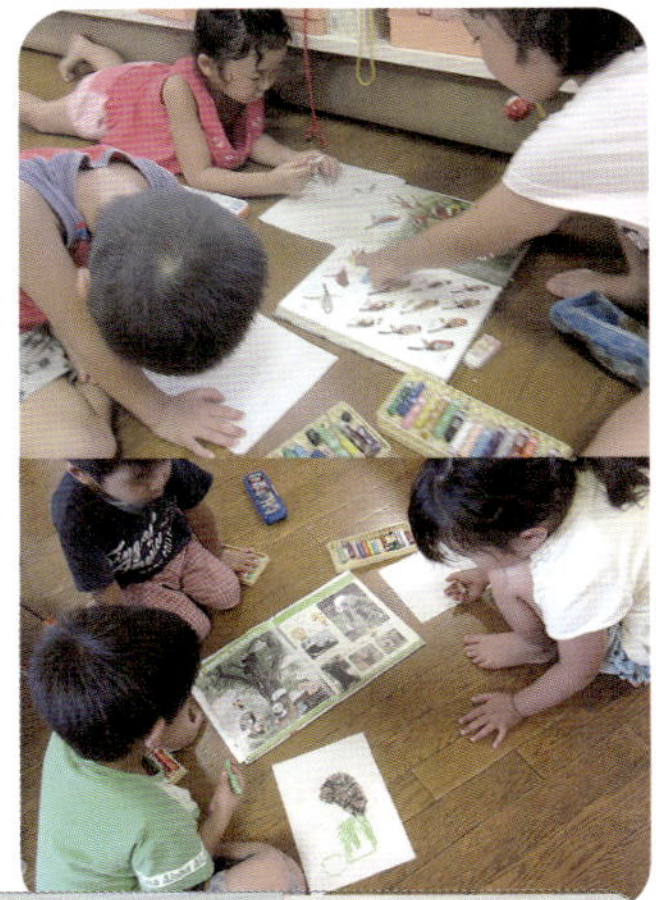

図鑑には、生息地や好物が書いてあることを発見！　生息地や好物を絵の裏に描き足しはじめた！

子どものひとことで「図鑑化」が決定！

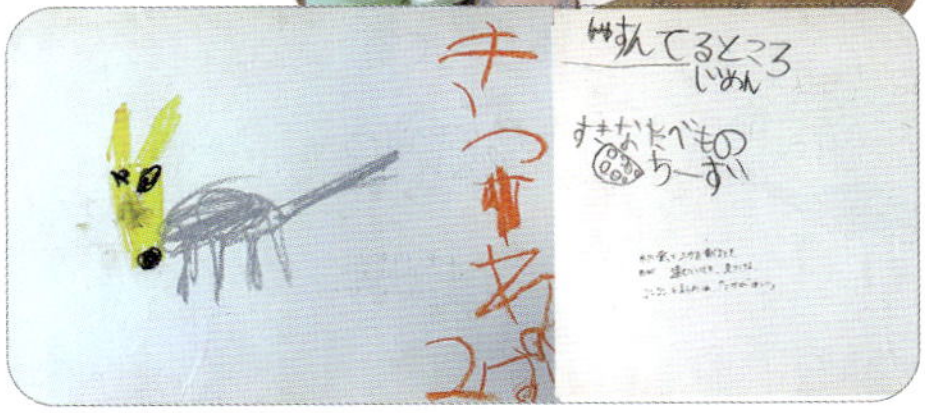

［きつねずみ］
**生息地**：地面　　**好物**：チーズ
**特徴**：木に登ってエサを食べる。遠くからでもエサを見つける。コンコンというのは、「エサが欲しい」という意味。
**発見者**：ときや博士

［うさねこ］
生息地：庭
好物：にんじん
発見者：ななみ博士

［かめきりん］
生息地：森
好物：葉っぱ
特徴：やさしい性格
発見者：あきと博士

［もぐらいおん］
生息地：土の中
好物：ミミズ
特徴：ミミズを見つけると、口で吸う。走るのが得意。
発見者：ときや博士

［へびいのしし］
生息地：土の中
好物：木の実
特徴：楽しい性格。電気が好き。
発見者：りく博士

［ぶたらいおん］
生息地：森の中
好物：肉　体長：200cm
特徴：すぐに怒る。怒って噛みつく。
発見者：りょうじ博士

［ライオンとけい］
生息地：箱　好物：肉
特徴：外にいるが、人に見つからずに生きる。散歩をするときだけ外に出る。
発見者：みゆう博士

左 絵の表　右 その裏面

**［ばななさる］** **生息地**：木　**好物**：バナナ
**特徴**：木に登り、上の葉まで行って、バナナを食べる。汚れているところをすぐにキレイにする。時々、片付けをしない。
**発見者**：みゆう博士

## 完成！［へんなせかいずかん］

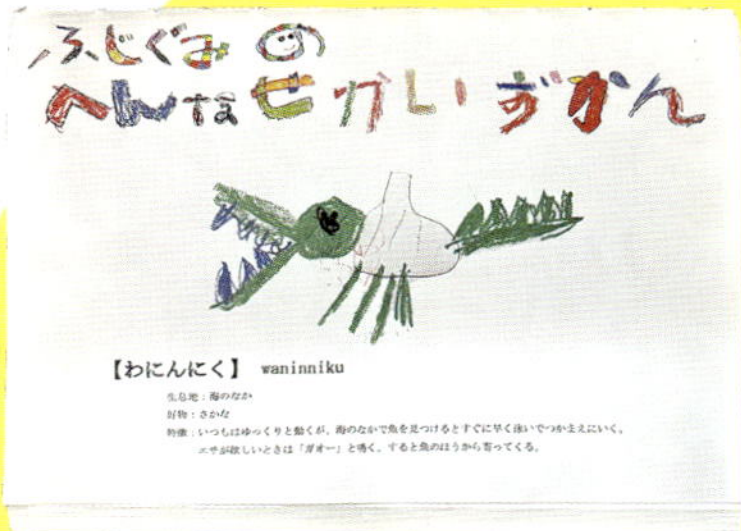


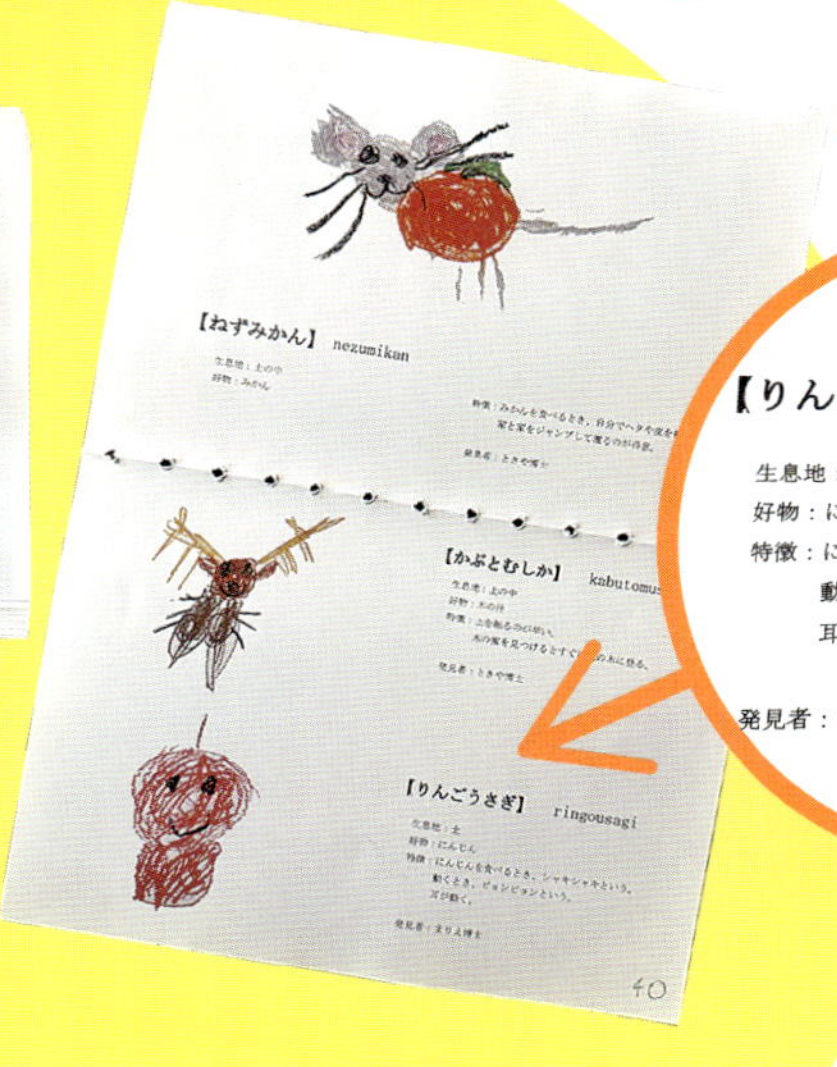


**【りんごうさぎ】** ringousagi

生息地：土
好物：にんじん
特徴：にんじんを食べるとき、シャキシャキという。
動くとき、ピョンピョンという。
耳が動く。

発見者：まりえ博士

わたしの名前がずかんにのってる！！

80 頁の「手づくりずかん」が完成！
クラスのみんなが考えた約 120 匹のへんないきものを掲載。
発見者は自分の名前！

つづく↓

さくらの木の中に住む

へんないきものが空を飛んだ

神社の木の下で、砂を布団にして寝てる

灰の中に住む

## いつものお散歩コースへ「へんないきもの」を連れて行ってみた。

---

### ■芸術士として感じたこと

・いきものについて質問をしたとき、子どもたちから「わからなーい」ではなく、スラスラとお話が出てくることに驚いた。

・子どもたちからは「いきものの絵を描きたい」よりも「僕の、〜〜聞いてほしい」という気持ちを強く感じた。

・とにかく私自身が、子どもたちの描くものやその内容を一番面白がっていた。

・「芸術士ってこういう活動をする人」という漠然とした考え方ではなく、「永島香苗という人が園に来た」ということを意識していた。「私のアンテナに引っかかった、私にしかできないことをやろう」という気持ちがあった。

・「ちょっとした絵でも大切に扱う」。ぽんと置かれていたら捨てられてしまうような、らくがきのような絵にも、深い思いが詰まっている。らくがきが、らくがきじゃなくなった瞬間を、たくさん見れてよかった。

・最初から「図鑑を作ろう」とは思っていなかった。子どもの発想に乗っかることで、想像もしなかった展開になるのだと知った。

### ■活動の特徴

日常の中で生まれては消えてしまう子どもたちの気づきや思いを

「拾い集め」→「記録し」→「編集する」

木りんは水がなくても生きるんだよ

かめらいおんはここで寝てる

ここにいっぱい隠れてるー

ここに隠れて神社を守る

←つづく

■先生の反応やコメント

子どもたちが作り出している架空のいきものが、その子自身の性格や願いを表していると気づきました。

たとえば、その子どもの「嫌いな食べ物」が、描きたいきものの「好きな食べ物」になっている。描きたいきものは、走るのが苦手な子どもが「走るのがはやい！」という特徴になっている。

報告展

# せかいずかん

子どもたちが描いた、ふしぎないきものたちが「へんなせかいずかん」になりました。そして、そのいきものたちとお散歩に行って、こんどは「へんないきもののいるところ地図」ができました！

## いるところ地図

⑬【うささい】 usasai

生息地：森

好物：にんじん　かぼちゃ

特徴：暑いときは、うさぎとサイが離れて、近いところで遊ぶ。

⑭【かんかんざりがに】 kankanzarigani

生息地：川　　好物：えび

特徴：川の中でおとなしく寝ている。びっくりすると、血が出るくらいチョキンとする。

⑪【うまもぐら】 umamogura

生息地：草が生えているところ

好物：うま…草　もぐら…ミミズ

特徴：肉が好き。友達がきりんで、大好き。

⑰【きのこぶた】 kinokobuta

生息地：インド　　好物：きのこ

体長：１ｃｍ

特徴：他のきのこにまぎれて暮らしている。暇なときは、外でひっくり返ってくるくるまわっている。夜になるまでまわっている。普通のきのこ（全種類）を家で料理して食べる。メスは少し小さい。

⑮【やさいジュースねずみ】 yasaizyusunezumi

生息地：森のおく　　好物：ミミズ

体長：１ｃｍ

特徴：怒っている人が来たら逃げだす。

⑫【木りん】 kirin

生息地：森のおく

好物：木の根っこ

体長：オス…２０ｃｍ　メス…１０ｃｍ　こども…５ｃｍ

⑯【うさぎぶた】 usagibuta

生息地：日本　　好物：にんじん

体長：５ｃｍ

鳴き声：ブヒーブヒー

特徴：かしこい。

⑱【くわがたけ】 kuwagatake

生息地：森のまんなか

好物：木の蜜

特徴：メスは足が４本。オスは６本。カブトムシとケンカをして負ける。甲羅に毛が生えている。

## へんないきものの

①【きりんかぜ】 kirinkaze

生息地：香川県　好物：いちご

⑤【あいすぞう】 aisuzou

生息地：香川県　好物：アイス

特徴：人がアイスを食べていたら、ささっと取って食べる。時々、走ると上のさくらんぼが落ちる。

②【たこいか】 takoika

生息地：海　好物：水ガメ

体長：１１ｃｍ

特徴：ダラダラしている。

⑥【さるうさぎ】 saruusagi

生息地：香川県　好物：いちご

③【さめくじら】 samekuzira

生息地：海　好物：ペンギン

体長：２１ｃｍ

特徴：誰かが来たら、鳥にバケて空を飛ぶ。6人来たら石にバケる。

⑦【かめらいおん】 kameraion

生息地：香川県　好物：りんご

特徴：好きなものがあると、そっと近づいて食べる。時々、ライオンと間違えられる。

⑧【みかんひとで】 mikanhitode

生息地：海のした

好物：プランクトン

特徴：触るとめにょめにょで、ひっつく。

④【ふくぞう】 fukuzou

生息地：アメリカ　好物：りんご

特徴：おしゃれをして散歩をするのが好き。果物が好き。無地で１色のデザインの服が好き。

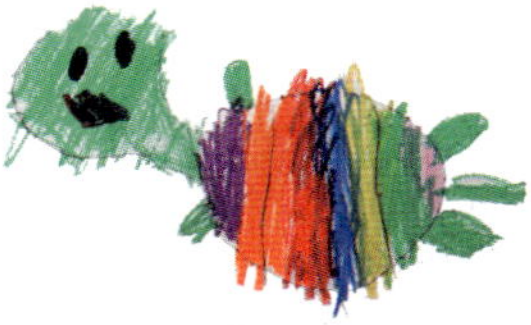

⑨【いろいろかめ】 iroirokame

生息地： 水　好物：キャベツ

⑩【かぶとむしか】 kabutomushika

生息地：土の中

好物：木の汁

特徴：土を掘るのが早い。木の蜜を見つけるとすぐに他の木に登る。

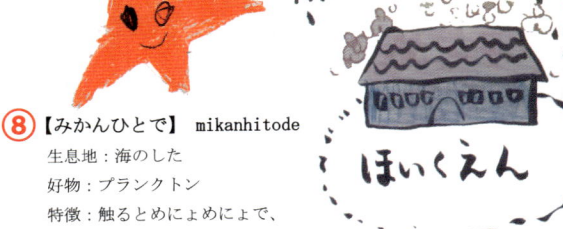

Case Study

# 02

## みんなでリノベーション
## 椅子のキャサリン

芸術士：くっぴん
松尾由美
Yumi MATSUO
専門：洋画

**活動した園：**
和光こども園
3歳児〜5歳児
**活動の時期：**2013年
**その後：**2015年

●色の楽しさを経験させてもらえる師と出逢い、描くことが好きな幼少期を過ごす。主に香川独特のおにぎり山を香り・光・音でとらえて制作。2011年 第76回 香川県美術展覧会で香川県知事賞。

## 古い椅子をみんなで修復しよう！

玄関横に置かれた古い椅子を先生がつくろっているのを見て、「モノを大切にされている園だなあ」と感じた。
この椅子は、お迎えを待つ子どもたちが座ったり、お茶を飲んだりするための子どもたちにも身近な大切な椅子。
「みんなで修復させてください」とお願いした。

何カ所も破れて
傷ついた椅子！

3歳児

## いすさん、「ありがとう」の儀式。

「ほら、いっぱい怪我しとる」
お腹の布もボロボロで
このいすさん頑張ってたんだよ」
椅子を裏返して見せながら、
子どもたちに
椅子への感謝を捧げる意味を
理解してもらった。

風船たくさんつけてあげる！
いすさん！ありがとうー
いままでありがとう！
いっぱいけがしとる
いすさん
がんばってたんだねー

いすさん、いすさん、
ありがとう。
布巾を使ってきれいに
してあげようね。
小さなおててでゴシゴシ。
裏側もきれいにすりすり。
小さな風船で飾り付けて
「いままでありがとうー！」

「ありがとう」の儀式を経て、園内での距離感がグッと縮まりました。

## 5歳児

# 新しい服を着せてあげるんだ

年長さんにバトンタッチした後、3～5歳児みんなで取り組む活動になりました。みんなから次々とアイデアが出てきて一つずつ決めながら進めていきました。

## 3～5歳みんなで

●椅子の色は何色にする？

**「夕焼けの色！茜色！」**

**この椅子は「女の子や！」**

●椅子の名前は？

**「キャサリン！」**

当時、世紀の結婚式と騒がれていたイギリスの皇太子妃の名前。その美しさと華やかさで子どもたちの記憶に鮮明に残っていたようです。

夕焼けの色にしよう！茜色！
大きな布を染めます！
赤や黄色やオレンジ手でベタベタ！
上から貼る絵も布に描きます！
みんなで布を貼るよー
ボンドを手ですりすり！
キャサリンこそばいんちゃう？？
下の方まで塗ってよ～
うまく貼れるかな～
端から貼っていくよ
貼れたー
リボンもつけよう！
黄色のスタンプでペタペタ水玉模様！
背中もかわいくしてあげる～

破れた傷を見て。痛んだ足を見て…大変だったんやなあ～　ありがとう～

# 完成！

みんなで毎日使う椅子。
みんなで修復しました！！
リボンもつけて
可愛く変身。
名前は「キャサリン」
女の子！！
元の場所に設置されて
キャサリンもニコニコ顔です。

平成25年度
高松市芸術士派遣事業 活動報告展
高松市美術館 1F に展示しました。

2年後の活動につづく←

## 2年後

# 台風で飛ばされたキャサリン！

### 報告展に向けて再び復活させることに決定！

田んぼまで飛ばされたキャサリンは、園の先生が元の場所に戻してくれていました。

ちょうどこの年、芸術士の活動報告展があると聞いていたので、この椅子を再度復活させて展示することに決定。子どもたちと復活のための活動が始まりました。

（子どもたちも報告にきてくれました）

台風怖かったやろなぁ〜
きれいにしてあげるよ！

### 年中さん、水着でジャブジャブ汚れたキャサリンを洗います！

### 布をはがせるかも、はがせたぁーー

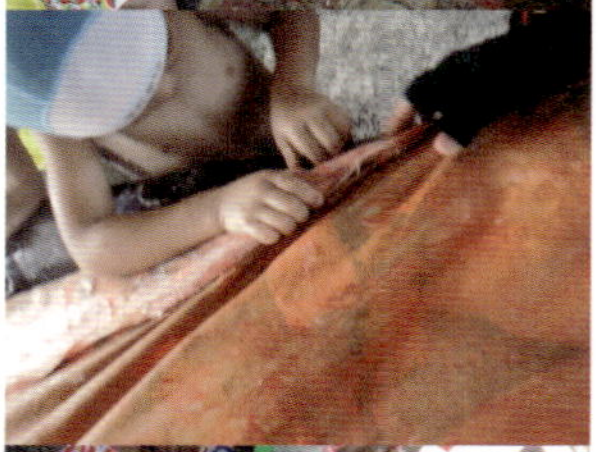

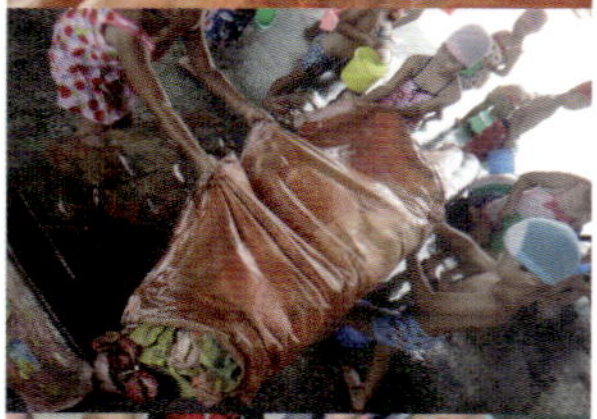

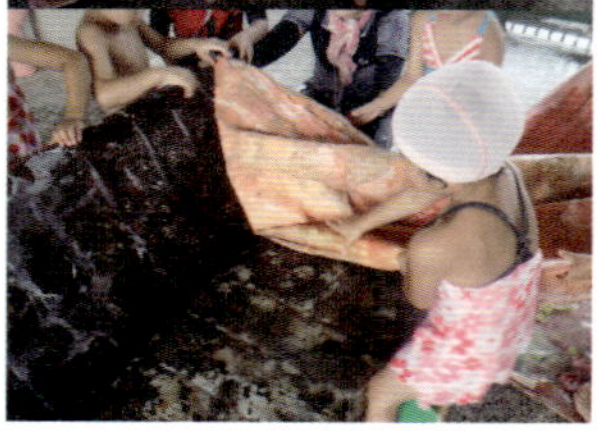

午後からは年長さんにバトンタッチ！まだはがれてない布をはぎ取ってきれいにしてくれました。

## ■この活動への想い

子どもたちといっしょにゼロから創る活動をしたいと思っていた。その中で、大きな造形物を創りたかった。大きなモノを創ることで経験値や達成感を増やしたいと思っていたからだ。

芸術士の活動は、きっかけを丁寧に拾い上げ、まずは子どもたちの心に訴えかけることから始めるのが最重要だと思っている。

たとえば、あるものを描くときは、そのものをいろいろな角度から（実際に見たり触ったり）知ることから始める。それは少しずつ山を登っていく感覚に近い。ただ絵を描くにしても、そこに起承転結を考えて、描く動機やきっかけを考え、それをどう描き、どのように終わるかを、子どもの声に耳を傾けながら、次の活動へつなげることを考えている。

今回の活動は、園に置いてあったボロボロの椅子の存在に気づき、それを活動のテーマにしたことで、この椅子がみんなの大切なモノになっていった。

モノを大切にして何を思うか？を活動に活かし、気持ちを共有することで子どもたちとの関わり方が以前より濃くなったと思う。

## 展示会場は「菊池寛記念館」も併設。この椅子を「菊池寛」にしようか？

今回も全クラスでの活動！
「菊池寛」を知ることから
はじめます。

**●このおじさんの色はどんな色だと思う？**

「緑、茶色、紫、赤、
ねずみ色、黒！」
この色を全部混ぜたら
黒っぽいおじさん色になった。

**このおじさんのことをもっと知ろう！**

菊池寛について話して
どう思う？
何を感じる？
とやりとりしながら
活動していると
もっと聞きたい！
もっと知りたい！
となって、この椅子を
「聞・知・感」と命名。
報告展示しました！

●年少の時に関わった椅子が裸になって現れたのでビックリ！
ますますやる気になった年長児がいました

**おじさん色に染まった布を椅子に貼って、**

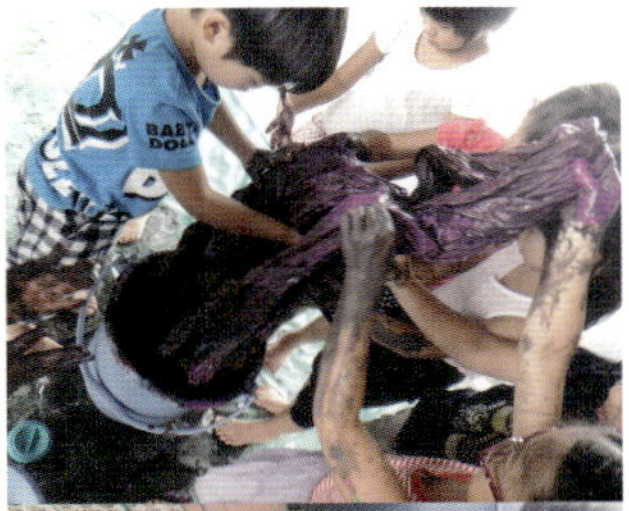

**大きな眼鏡と顔も布に描いて上から貼るよ！**

**大きな眼鏡は真ん中に貼って。上からどんどん描いていくよ～**

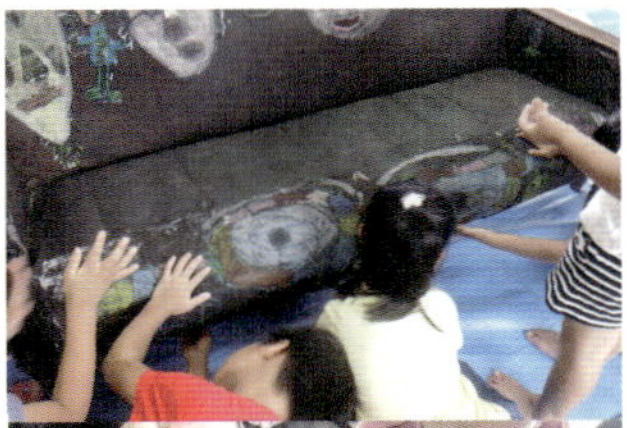

## 聞知感の椅子

**完成！**

展示後に玄関横テラスに戻された「聞・知・感」の椅子は、外遊びの際の上着置き場になったり、座ってお茶を飲んだり。子どもたちが上がって遊んだり……。修理不可能な状態になるまで活躍してくれました。

大きな眼鏡に、くりくり頭。
麻雀碑や杖、馬…
菊池寛を感じる椅子です！

平成 27 年度
芸術士派遣事業活動報告展
高松市中央図書館 3F 視聴覚ホール
に展示しました。

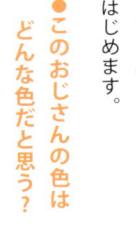

Case Study

# 03

# 「気になる」を活動に おっぱい紙芝居

芸術士：長野由美
Yumi NAGANO
専門：造形・インスタレーション

**活動した園：** 若葉保育園 5歳児

**活動の時期：** 2019年8月

●たまごをモチーフにした立体作品を制作・発表。
香川県内を中心に活動。近年はイラストも制作開始。
2013 瀬戸内国際芸術祭（夏会期）umi・tamaG
2015「塩江アートプロジェクト・Egg in WONDERLAND」高松市塩江美術館（高松） 他

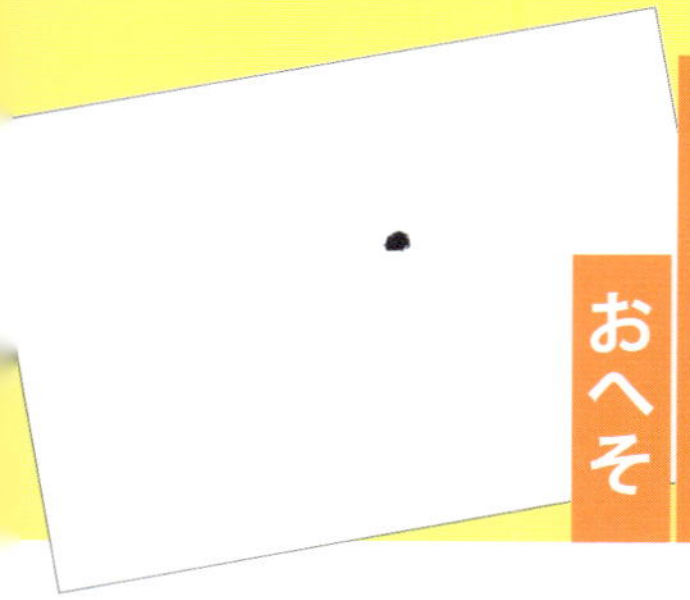

とうちゃんのおへそ

大好きなお兄ちゃん

なぜ、挨拶がおっぱいなんだろう？ 愛情を欲しているのかな。みんな同じではないね。絵からは、一人ひとりの見え隠れしている心境も伝わってくる。

### ■おっぱいタッチは挨拶？

このおっぱいの絵は、芸術士活動の遊びが始まる前に描いた絵なんです。

金曜には私が来る！って、子どもたちは楽しみにしてくれていました。

この年ごろの子たちの「嬉しい」の挨拶は、おっぱいをタッチ！後ろからお尻をタッチ！ボディタッチでコミュニケーションをとるんですね。毎年、クラスに一人二人はボディタッチをする子がいるけれど、この年の子はほぼ全員です。

このボディタッチに、半ば嫌気がさして、ふと考えたのが、「そんなにおっぱいが好きならお母さんのおっぱいを描いてみたら？」のアイデアです。

### ■おっぱいを描いてもらう！

「今日は始める前に絵を描いてもらいます」

「お母さんのおっぱいってどんなの？ 描いてみて」

「えーーーー！！」

と子どもたちはビックリ！

大人の口から「おっぱいの絵」という言葉が出てきて驚いた様子……それでも、お母さんのおっぱいを思い出して照れくさそうにしながらも描いてくれました。もちろん戸惑う子もいました。どうしても描けない子には、カラダの好きな所を描いてもいいよ、なんでもいいよと言いました。

### 迷って迷って描いた“おへそ”

画用紙の真ん中に黒い点……。カラダの真ん中にあるおへその位置関係をよく考えて描いたなと思いました。「おへそなら描ける」と言いながら描いていました。

ママのおっぱいボヨンボヨン

# おっぱいが紙芝居になった！

恥ずかしかったはずのおっぱい紙芝居が大人気！

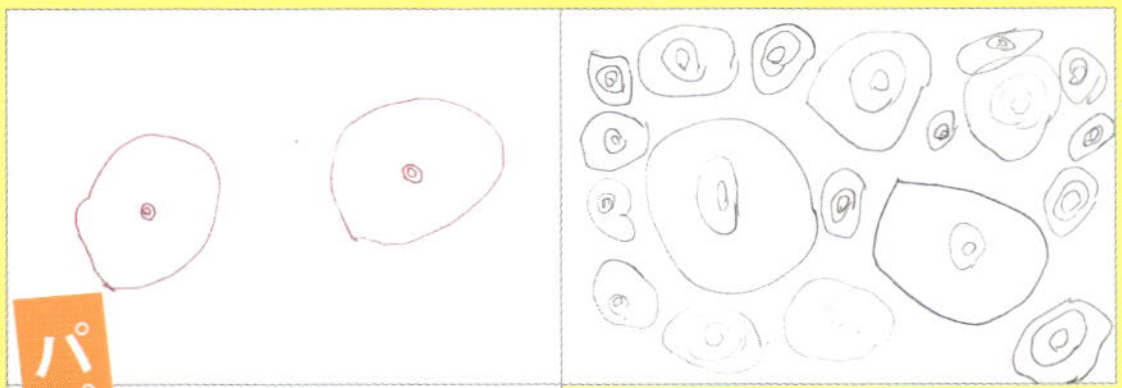

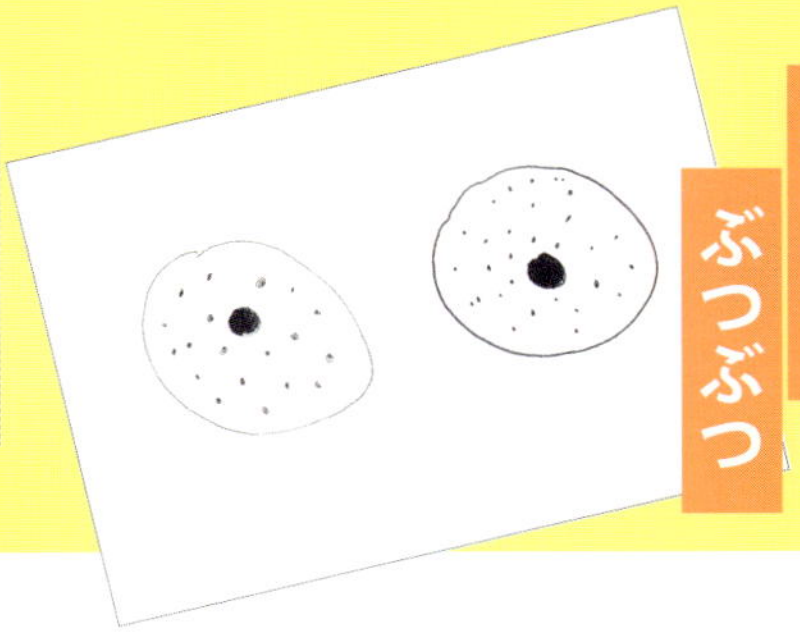

おっぱいぶつぶつ

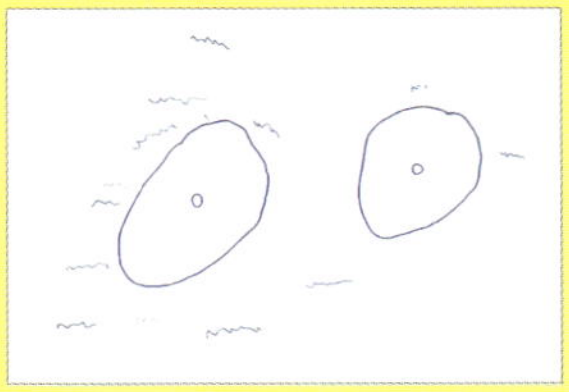

パパのおっぱい

走ってるお父さん！

ママのおっぱい外に飛び出す

裏に描かれた小さなおっぱい

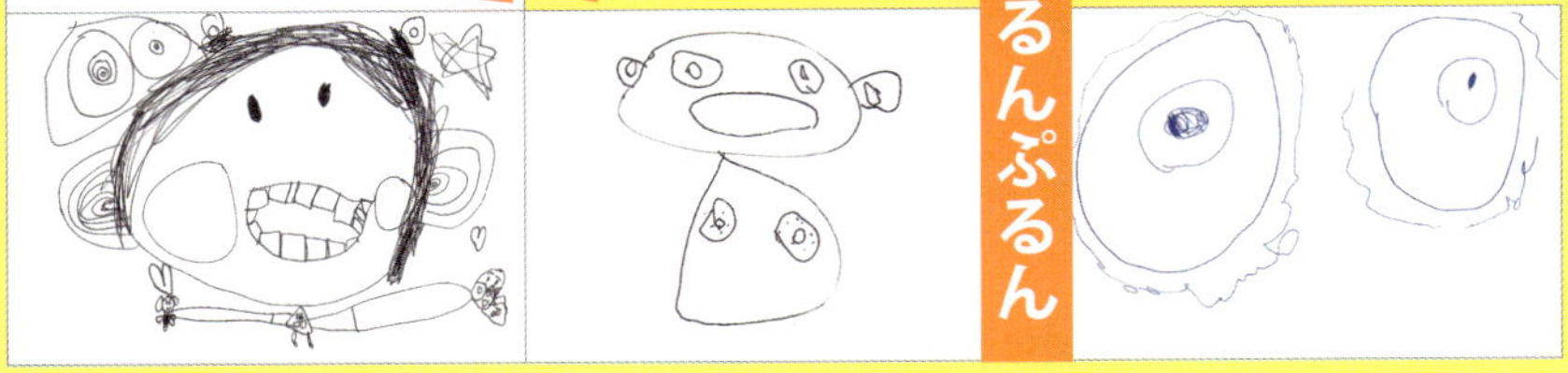

ぷるんぷるん

**「おっぱいは描きたくない、大好きなお兄ちゃんを描く」**

その子もおっぱいには抵抗があったようでお兄ちゃんを描いていました。描きたくないと言ってる本人が私のおっぱいを一番触ってるような気がするけど……

**無数の黒い点があるおっぱい。**

これはなに?と聞くと、「だってお母さんのおっぱいブツブツがいっぱいあるもん」「お風呂に入ったときにいつも見てるもん」。お風呂でいつも見ているお母さんのおっぱいに焦点をあてて描くって、照れくさいけど愛情を込めて描けるんだなと思いました。

**絵の裏側に小さなおっぱい**

描きたくないと言ってた男の子、絵の裏を見ると、おっぱいが小さくありました。描きたくないと言いながら試みていたんだ。お母さんのおっぱいって、やはり恋しいものなんだと感じました。

**カラダの外側に描かれたおっぱいの絵もありました。**

恥ずかしくて描けなくて、カラダを描いたものの、周りのみんなに影響されたのか、恥ずかしそうに外側に描いていました。

**■描いた絵を紙芝居に！**

その後、このおっぱいの絵を紙芝居のようにしてみんなに読んで聞かせました。

絵から感じ取ったこと、子どもたちから聞いたエピソードを交えながら面白おかしく……。

子どもたちはこの紙芝居が大好きになって、何かあるたびに「おっぱいの紙芝居読んで」と言うようになりました。

照れくさそうに描いていたおっぱいが、自分たちの手から離れて、**「恥ずかしい」から「面白い」に変化**したようです。

残念ながら、ボディタッチは最

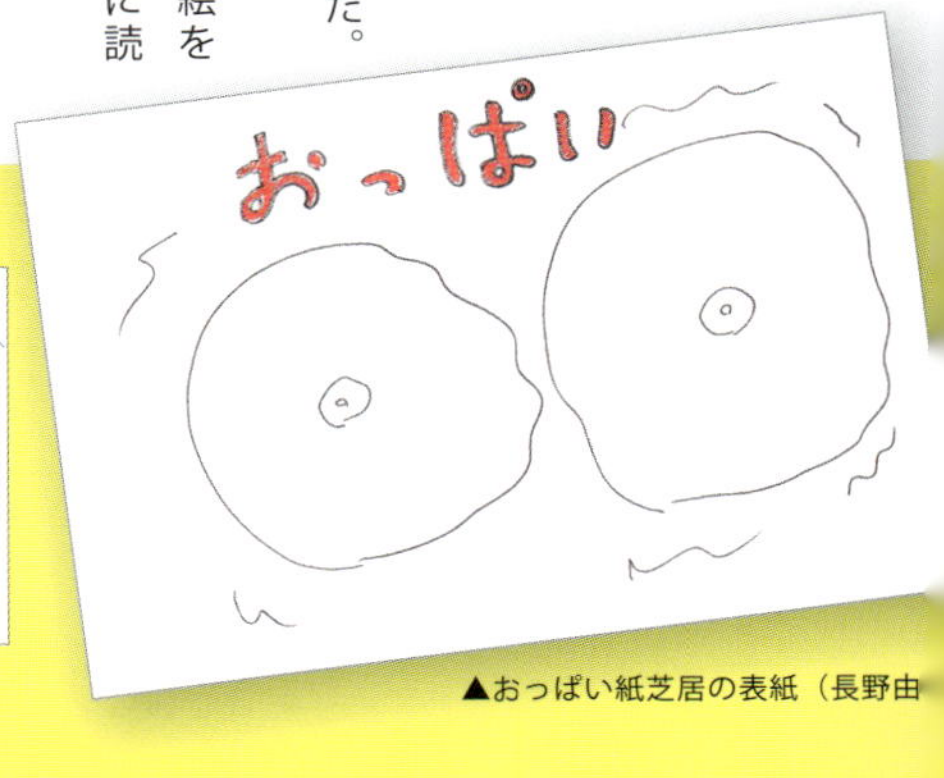


▲おっぱい紙芝居の表紙（長野由

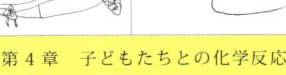

Case Study

# 04

いろんな素材で遊ぼう
# なんにもないけど なにかある

芸術士：まつの れいこ
Reiko Matsuno
専門：絵画

**活動した園：**
- 西光保育所
- 国分寺南部幼稚園
- 弦打保育所
- 浅野こども園

**活動の時期**：2021 年

● 京都芸術短期大学卒業。京都・恵文社一乗寺店 ギャラリーアンフェール 個展、東京・SICF24 マーケット部門 出展、香川・灸まん美術館 個展、東京・にじ画廊 個展、など

## ボディペイント

用意するのは赤、青、黄色。
机の上に一色ずつ
直接絵の具を出していく。
最初は黄色？ 青を足したら緑に！
次に赤を足すと、また色が変わる。
汚れたら水で流して最初から！

おそるおそる触って、手で伸ばしてみる。
勢いよく混ぜる子、嫌がって泣いている子、水に夢中の子。
服や顔にべっとり塗りつけて笑顔の子たち。

机の端に留めつけたビニール袋に気がついた子たちが、袋に色水をため始めた。他の子たちも気がついて奪い合い。

**突然始まった色水遊び！**

色水をためた袋を、みんなでこねこね。袋が破れて水が流れてしまうまで、くちゅくちゅ。

**こちらのグループは地面のひび割れ修復中！**

水で柔らかくなった土でひび割れを修復。

**遊び足りない ふたりだけの水遊び！**

みんながお部屋に引き上げた後も、カップの水をバシャーと投げて「雨みたいー！」。

## 色水遊び

色水用には粉の入浴剤、赤、青、黄色の3色を用意。アイスの棒ですくって作りたい色の水を作る。色水同士を混ぜたり……下にこぼれた色水もすくって遊ぶ……

さっと溶けて一瞬で色が変わる。「わぁ！」

使ったカップはさっと洗って何度でも使う。
作った色水に別の色を混ぜたら、また色が変わって「わぁ～」
「全部混ぜたらどんな色？」好きなだけ、何度でも。

### ジュース屋さんがオープンしたよ！

はい。○○○円です！
いらっしゃいませぇ…
メロンジュースください
モジモジ

集まって来た子たちは、売り手と買い手に分かれて瞬く間にジュース屋さんが始まった。

言い出しっぺの○ちゃんが小さな声でつぶやいていたので「みんな、ジュース屋さんがオープンしたよ！」と助け船。

### 全部使い切ってエンドレスで遊ぶ

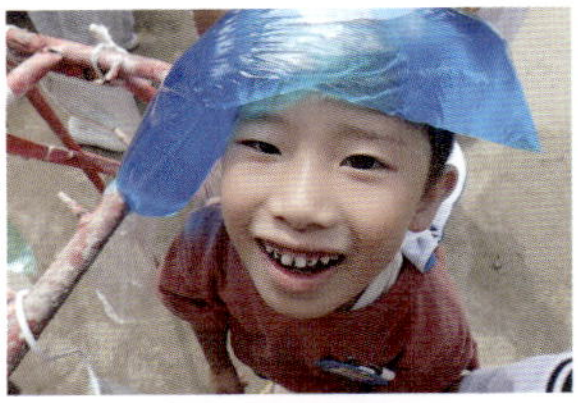

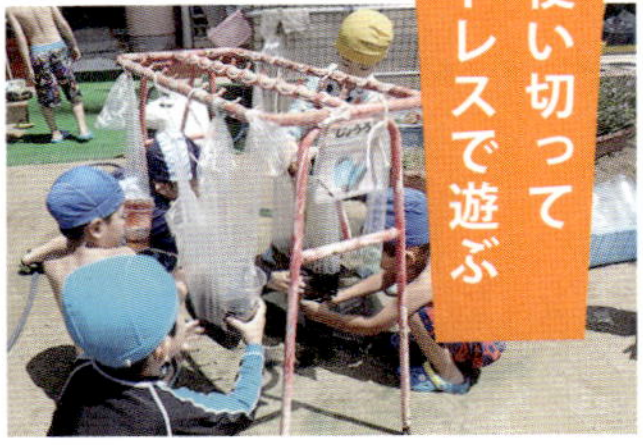

いらない色水を入れるビニール袋を用意。ぱんぱんになったところで「穴を開けるよ！」シャワーのように吹き出す水を、またカップに受けてエンドレスで遊ぶ。

### こちらでは泥遊びが始まった！

ぺたぺた

自分の靴の中に泥を詰めて車に見たてて走らせる。

←つづく

赤、青、黄色。混ぜてこねこね。くっつけたり、型抜きしたり……

スプーンで
出したり入れたり
びよ〜ん！

のび〜〜る！ ぼよ〜〜ん。おそるおそる……。大胆に……

## ●スライム遊び

机の上には赤、青、黄色のスライム。
スライムを扱い慣れた頃に
スプーンとカップを投入。

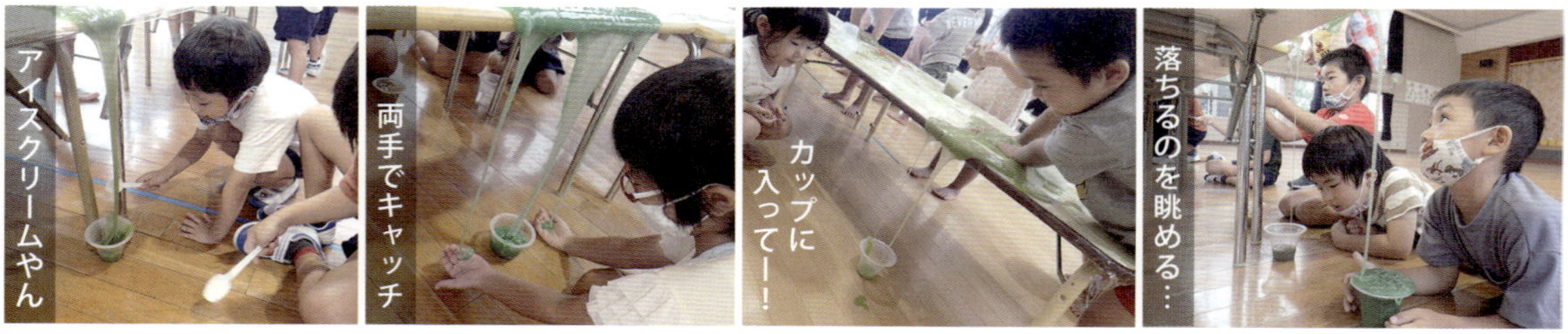
アイスクリームやん
両手でキャッチ
カップに入って！！
落ちるのを眺める…

スライムを垂らしてカップで受ける！「ジュースや！」「はちみつやで！」真似する子が続出。

机の上からスライムをツーっと垂らして、下においたカップで受け止める。
一人が始めたこの遊びを真似する子が増えて、あちこちでスライム垂らしが始まった。
自分でセットして、ゆっくりと垂れてくるスライムを眺める。ただただ眺める。

---

### ■なんにもないけどなにかある

子どもたちはそのままでいいと思う。作るものが上手とか下手とか、そういうことは関係ない。

活動の中でも、子どもたちが自然に始めた遊びには何か不思議な面白さがあって、「ハッ」とすることも多い。なんにもないけどなにかあると感じたのは、メインの活動中ではなく、少し外れた時間でのこと。私が伝えた通りにして終わりではなく、子どもたちが自発的に始めたことや発見したこと。一見、意味のないように思われ通り過ぎてしまいそうなこと。それは、私の想像していたことを超えて、一番おもしろい時間だと思っています。

### ■活動について

**●使う素材や出し方のタイミングを大事にしている**

例えばボディペイントの場合、用意するのは赤、青、黄色、3色のボディペイント用絵の具。机の上に1色ずつ、少量ずつ出していく。出す色は子どもたちに聞きながら、「何色から始める?」「青!」「赤!」で、赤を少し出して。次は「青!」を少し出して、子どもたちが混ぜると紫になって。「じゃあ、黄色を足してみようか」と、黄色を足すと、濁った色になっていく。その色に満足したら、水で流して、また新しい色から始める。何回も何回も

# いろんな材料で遊ぼう

紙コップ、紙管、積み木など
いろんな材料を用意。
何を使っても、何を作ってもいい日。

素材の説明だけして見守る。一人でもくもくと作る子。友達と一緒に大きなモノに挑戦する子。
時間が経つと、別々に作っていたモノ同士がくっついたり、友達の中に自然に入っていたり。廊下にまでも広がっていく。

紙コップタワーが崩れて怒り出した子も、あきらめないで
何度でも作り直していた。

最後は、作った作品を他のクラスの子に発表する。
恥ずかしがりながらもしっかり伝えていました。

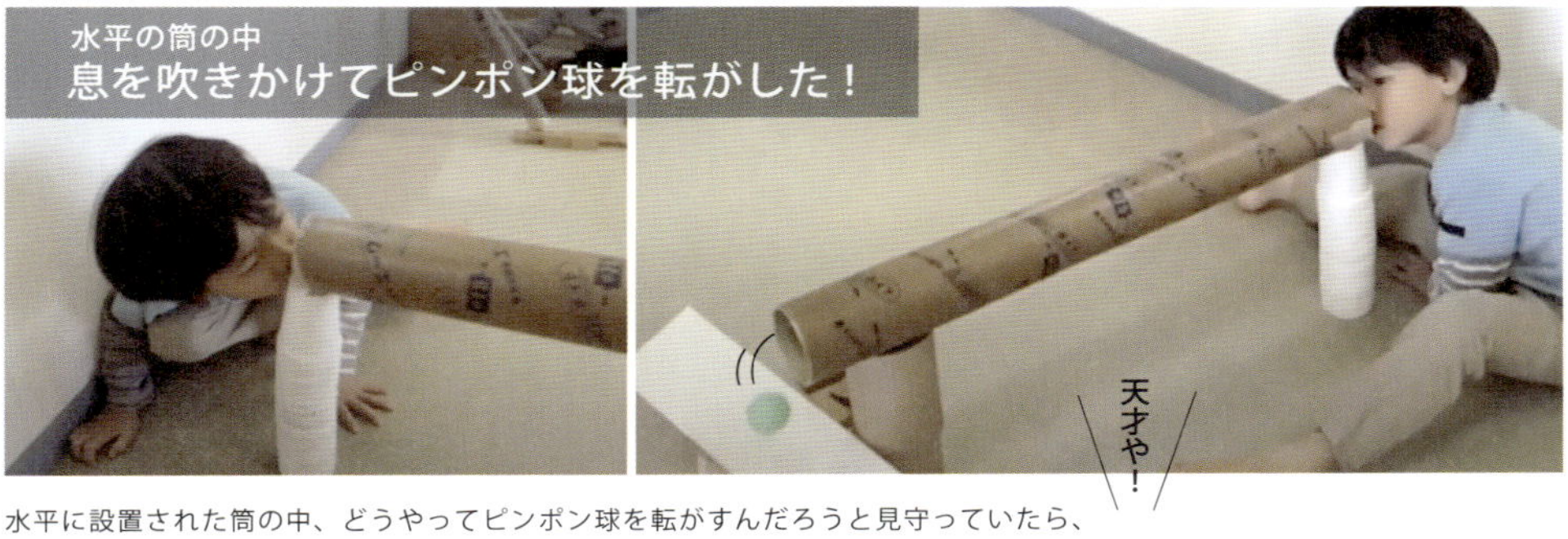
水平の筒の中
息を吹きかけてピンポン球を転がした！
天才や！

水平に設置された筒の中、どうやってピンポン球を転がすんだろうと見守っていたら、
力いっぱい投げたり、息をふーっと吹きかけてピンポン球を転がした！
いろんな発想が次々出る。「天才やなー」とほめたら照れた顔。
「斜めにしないと絶対転がらない」と思い込んでいた自分は「ハッ！」とさせられた。

あっ！

---

絵の具がつきるまでやり、絵の具が無くなったら色水で遊ぶ。これが定番になっています。

色水遊びに使うのは粉の入浴剤。こちらも、赤、青、黄色の3色。粉をすくって水に溶かすと、瞬間で色が変わる。

### ●隅っこで展開される遊び

活動中に隅っこに数人が集まっていて、何をしているのかと見に行くと、地面のひび割れを埋めている。そのうち人数が増えて、協力しあって修復作業が始まる。何からでも遊びにつながっていく。こんな目撃の時間が楽しい。

### ●終わった後の時間

活動が終わった後も遊び足りなくて、地面に溜まった色水で全身どろどろになりながら遊んでいる子たちがいる。「自分の思う存分遊びきる！」こんな時間も大事だと感じています。

### ●失敗できる時間

色水をこぼした子が「しまった！」「失敗してしまった！」という顔をした。「ここは外やし、汚れてもいいんだよ」と言うと、ホッとした顔をして、その後は思い切り楽しんでいるように見えた。「失敗したら駄目！」ではなくて、失敗から学ぶことも多い。活動の中で失敗を経験する時間を増やしていけたらと思います。

Case Study

# 05

# ガチャプール

水＋光・色・音がはじける

芸術士：村井知之
Tomoyuki MURAI
専門：パフォーマンス系

**活動した園：色々な園**
**活動の時期：2010年〜**

●多彩な出力で、即興的／横断的に身体性の強い表現や創作を行う。子ども・おとな・障碍の有無・職種問わず芸術士活動、研修、講演も実施中。

## 最初の投入はすごく大事！

ガチャガチャのカプセルを
プールにザザーと入れるとき、
一番、**バーン！**
と出る曲を
かけて盛り上げる！

## 予め決まった遊び方はない。子どもたちそれぞれの遊び方が生まれる。

水を張った
プールのまわりに
集まってもらって
まずは水を見てもらう。
水は何色？
そこに、
今からいろんな色が
たくさん入るよー！

カプセルと
一体になる

この日の服装は
ガチャガチャみたいな
丸い玉柄の服！
雰囲気の一つになる!!

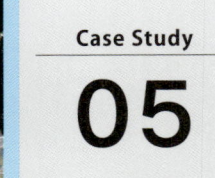

うっわーーー!

花火が上がった!!
くらいに盛り上がる

子どもたちの
ようすを見ながら、
DJになって
盛り上げる!

キラキラー

ビュア~ン!

何いろ?

水の中から
カプセルを眺める。
水の上でたたくと
ふしぎな音。

金色の
カプセルを
集める子。
ひたすら
カプセルを
復元していく子。

ガチャガチャの
カプセルを通して
光を見る。
色と音がはじける!

プールサイドでは
音楽に合わせて
ダンスが始まる!

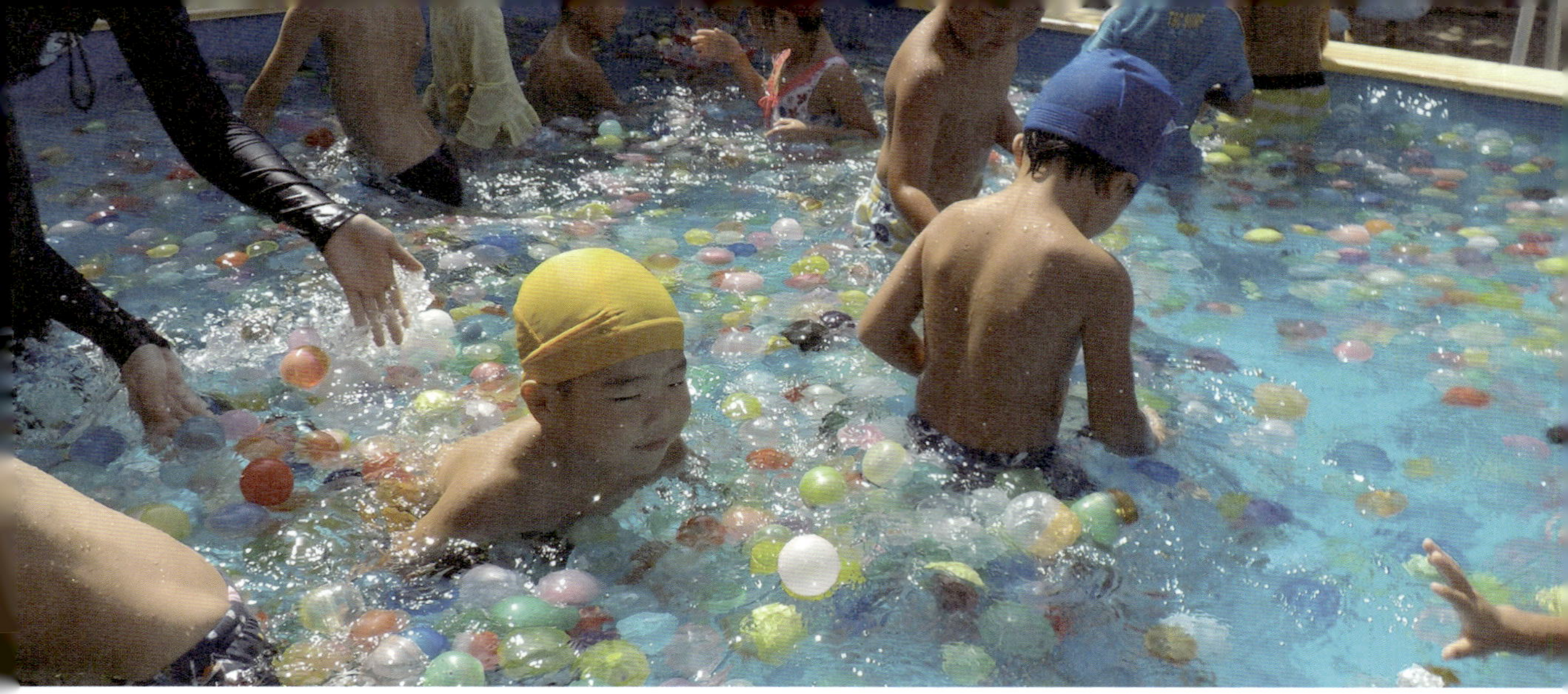

ガチャプールは、芸術士を始めた最初の夏（2010年）からやっている。

プールを使って活動できないかと思って色々考えているうちに、とにかくたくさんのものを使おうと。先生はプールではビニールのボールとかをよく使っていたので、それを桁違いにたくさん持っていったらどうか、と考えた。

透明で、光も反射するし、いろいろな色があるので、ガチャガチャのカプセルはどうかと。たぶんきれいだろうと、直感的に思って。やってみたら案の定好評で、ロングランの活動になった。

**■ガチャプールをやるときは、音楽も使ってお祭りのような雰囲気にしていますよね。非日常というか、いつもと全然違うプールの時間になる。**

音楽は、いつもバンバン流しますね。ガチャガチャをプールに投入する瞬間とかも。

僕は、カプセルの投入の火付け役で、途中からは、写真も撮るけどＤＪでもある。子どもたちのようすを見て、ゆっくりな曲がいいなとか、盛り上がる曲がいいな、とか。

「見る」こともたくさんやってもらいたいと思う。ガチャプールの活動では、実際に、ガチャガチャのカプセルを通して光を見たり、半分に割ったものを〝メガネのように〟して見たり。「鑑賞」という関わり方もできる活動だと思う。絵画的な要素もあるのかなと。

ウタとオドリ、音楽をまとって楽しく活動。

♪

色々な保育所を飛びまわり、他の芸術士とコラボレートしたり、日常の活動にスパイスを与えるような役割も担ってきた。

・竹プロジェクト（楽器・隠れ家づくり）・誕生会の生BGM
・音遊び・人形劇チームの音、効果担当・楽器体験のナビゲーター・イモ祭り（収穫祭と火起こしの融合・アフリカ企画（衣装・音楽・色使いなど）

音が出るモノは何でも楽器だ！

**■この活動で工夫したかったこと、こだわったことは？**

最初の投入ですね。**一番最初はすごく大事。**

カプセルをプールにざざーっと入れるとき。

そのときの曲は**一番バーン**と出るものをかけて**盛り上げる。**

・まず、水だけのプールをみんなに見てもらって、何が入っているか？　水が入っている。
何色か？　透明、水色、とか。

水をまず見てもらう。そこに、今からいろんな色がたくさん入るから、と。

・年齢が上の子どもたちだったら、片付けを一緒にすることもある。網やネットなどを渡すと「捕まえる」という遊びになる。**「大漁大漁～！」**と。

〔活動の際の注意〕ガチャガチャのカプセルを踏んで怪我をすることがあるので、靴下などを履いてプールに入ることを勧めています。

片付けも、「捕まえる遊び」にしてしまう村井マジック！

**■この活動を通して子どもたちに伝えたかったこと、経験してほしかったことは？**

・プールは、普段は「泳ぐ」「水遊びをする」場所だけど、それが違うものになる。

・**その子によって遊び方が違う。**同じ色を集めることが好きな子もいれば、バラバラになったカプセルのパーツを集めて、ひたすら復元していく子や、ずっと握っているのが好きな子もいる。

・この活動は、**普段あるもので、いつもと違う体験**をしてほしくて考案した。

**■先生や保護者の反応**

水に入るのが苦手だった子が、カプセルがプールに入ったときに、それを取ろうと思ってどんどん水に近づいていって、そこから水が苦手でなくなった。

「むーさんのおかげで顔つけできるようになりました！」

「水に潜れるようになりました！　ありがとうございます！」


プールというと水がメインだけど、カプセルが入ることによって水が気にならなくなる。

僕も昔はプールに入るのが苦手だったんですよ。泣いてましたね。だから、水が苦手な子の気持ちもわかる。


大小問わず、初めてのことを試してみる。ウロウロしながら考える。思いついたらやってみる！

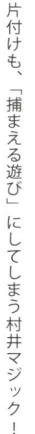

Case Study

# 06

## 世界には音がいっぱい溢れてる

音楽と造形をつなぐ

芸術士：フリーダ

Frida

専門：ピアノ・うた


**活動した園**：男木保育所

2 歳児（らっこ組）

3 歳児（ぺんぎん組）

**活動の時期**：2021 年

●関西大学文学部卒業。
ピアノシンガーソングライター、キーボーディストとして楽曲制作、CD 制作やライブ活動を始める。
音楽だけでなく、視覚や触覚など五感に響くサウンドを子どもたちと共有できることを目指して芸術士として奮闘。

### マレットペインティング

木琴のマレットの先に
絵の具をつけて、
大きな画用紙に
ペイントします。
音楽を聴きながら
マレットをトントン！
自分のリズムで
たたき始めました。

**音楽スタート！**

はじめはゆっくり
トントントン
タッタカ、タカタカ
トコトントン……

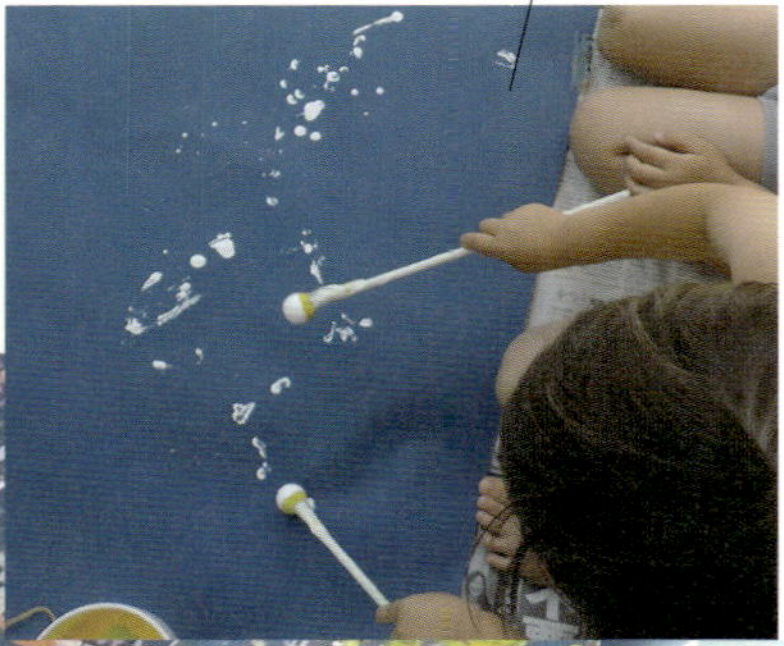
あ、流れ星になった！


芸術士自作の音源を聴きながら
子どもたちがトントン！
好きな色をつけてトントントン！

たまごやきの色

**絵の具をボディペイントに変えて、引き続き色で遊びます。**

「赤がほしい～」「青を入れて！」好きな色が決まっているようです。

音楽にあわせて
リズミカルに
トントン！

色も自由に混ぜて好きな色を作ります。

こんなに隅っこまでトントン！

好きな色をトントンする子
音楽のリズムをとりながらペイントしていく子
重なり合った色を楽しむ子
マレットでお絵かきするぞ〜
出来た絵からは何が見える〜
見えたら教えてね〜
いきものがかくれていたり、大人には見えないいろいろなものが見えているようです。

子どもたちが作った色。渋くて美しい〜

つづく←

めおん号で先生と一緒に通勤します。
（行き交う「めおん２号」と「シマシマめおん号」）

■男木保育所

男木保育所は高松港から船で40分の男木島にある、3歳児3名、2歳児1名、計4名の小さな保育所です。2名の先生と一緒に活動しました。（活動当時）

■マレットペインティング

木琴のバチの先に絵の具をつけて、自作の音源に合わせて大きな画用紙にペイントしていきます。この活動は何か作品を作ることが目的ではなくてリズムに合わせてトントンするだけです。10分ほどの音と色の遊びですが、子どもたちがこの活動を経験することで、次の音の活動にもつながるので大切にしています。さらに、子どもたちの様子からは、「色が好きだな」「音に興味あるな」など、それぞれの個性も見えてきます。

# 「きらきら」と音をつなげる

「海にはきらきらがいっぱいあるよ！」と教えてくれた子どもたち。どんなきらきらなんだろう？島の「きらきら」を教えてもらいながら音につなげていきました。

きらきらを感じられる素材ってなんだろう？ 今回は透明な傘とビニールシートを選びました。

## 風をまとってきらきら

## 雨の音を聴く。「じゃぼじゃぼ」「ざぁーざぁー」

今日は雨。雨の音をイメージした後魔法の傘を作ります。みんな集中力がすごい！もくもくと描き続けています。自分ひとりで完成させたい！そんな気持ちが身体中から伝わってきます。（静かに見守ります）

傘についた鈴の音と芝生の色が溶け込んで…

いろんなかたちのちいさな雨粒がたくさん

ぽつぽつからざーざーへ

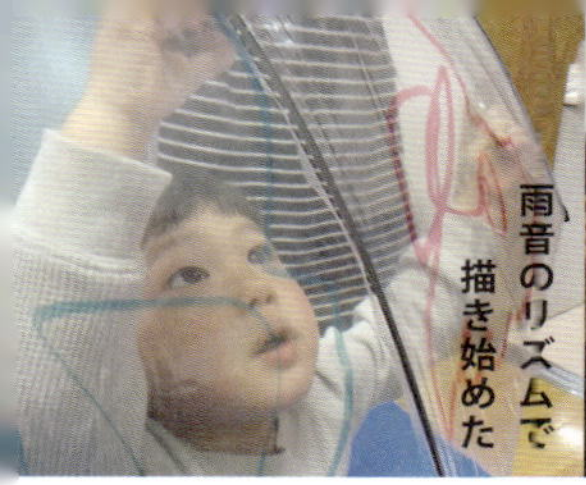

雨音のリズムで描き始めた

色もぬったよ

おひさまの下でもきらきら

雨つぶにきらきら

## きらきらを探しに島をお散歩。集めたモノはどんな音？

集めた木の実や葉っぱで遊ぶ

音に反応して踊りだす！

木の実や石を紙皿に入れてグルグル回しながら音を聴いてる。と思ったら、ジュースのボトルを手に踊りだした！

葉っぱがきらきら

みんなの影もきらきらしてる

## 感じた音を描いてみよう！

透明の大きなビニールシートに
楽器の音を描いてみよう。
線でもカタチでも、書きたいモノ
なら何でもいいよ〜
トライアングル、鈴、シェイカー、
タンバリン、木の実の楽器。
どんな音かな？
音が聞こえてる間に描いて、
音が止まったらやめるよ！

シャカシャカ〜〜
木の実の楽器を鳴らしてる

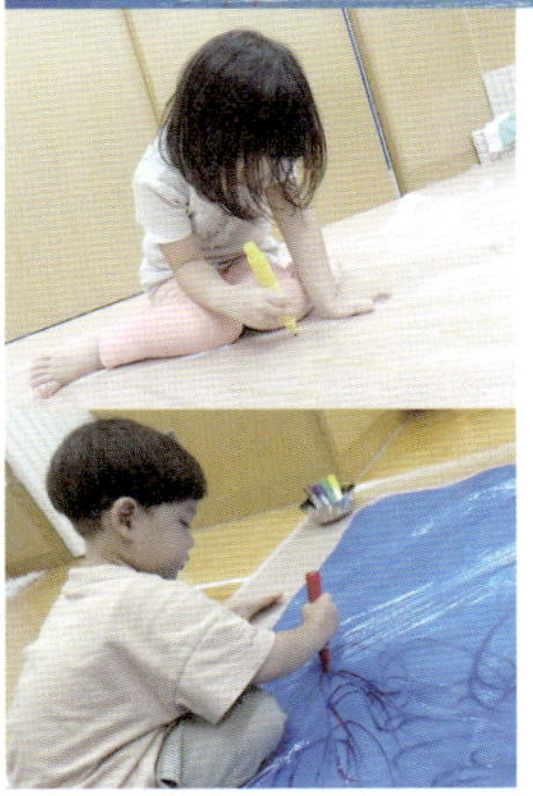

子どもたちはしっかり音を聴きながら、楽器の音が止まるとピタッと手を止めていました。楽器に興味を持ったN君。今度はN君が鳴らした音に合わせて、先生も一緒に描き続けました。

### 描き終わったシートをふわ〜っとあげると歓声が！！

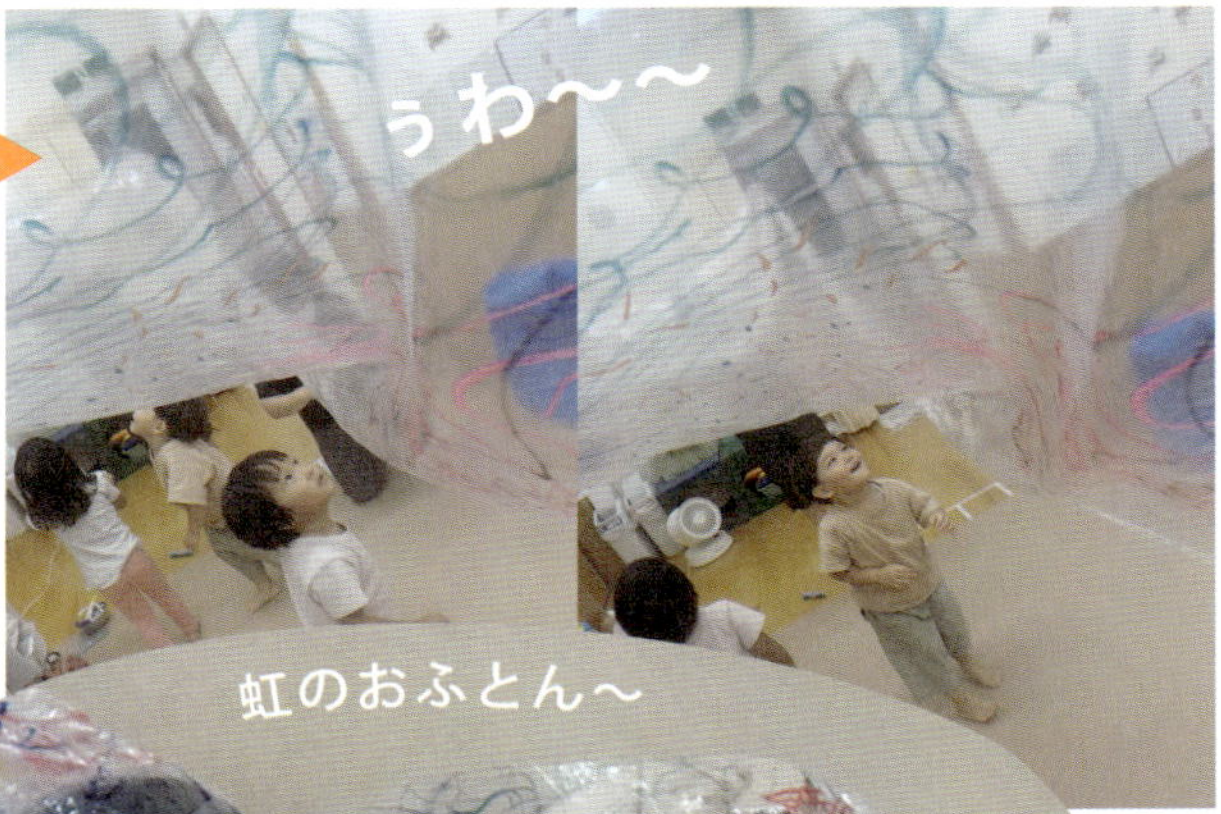
うわ〜〜

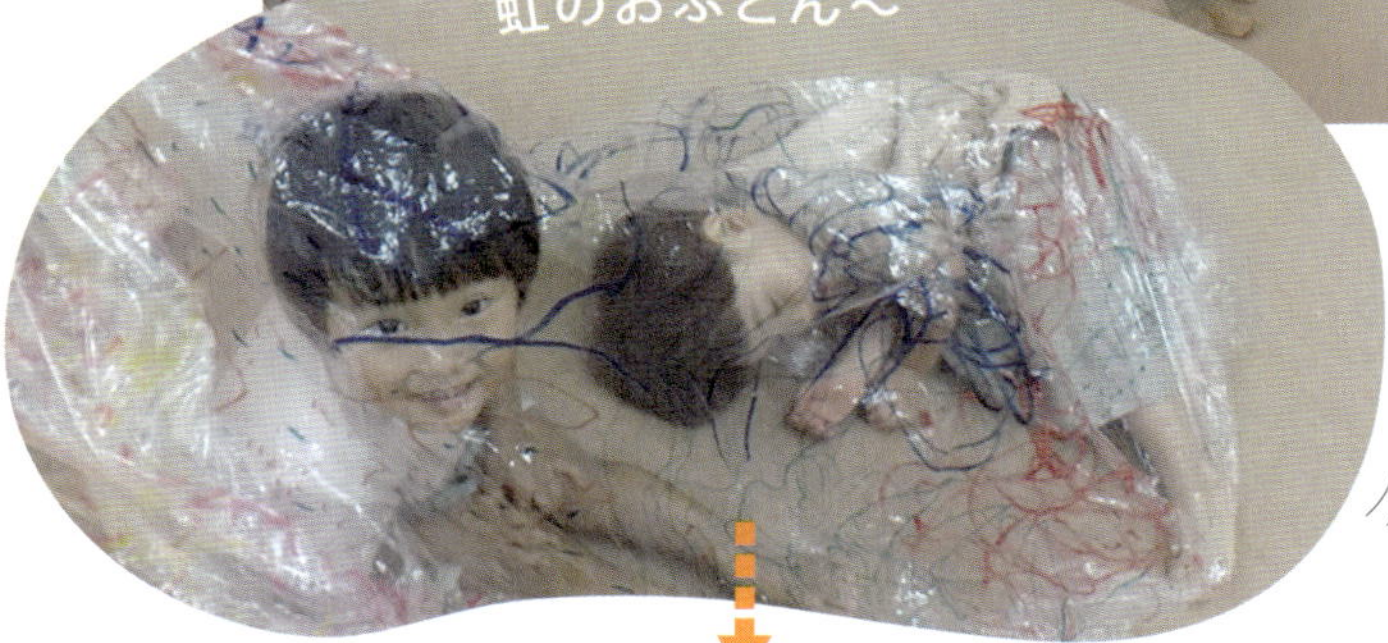
虹のおふとん〜

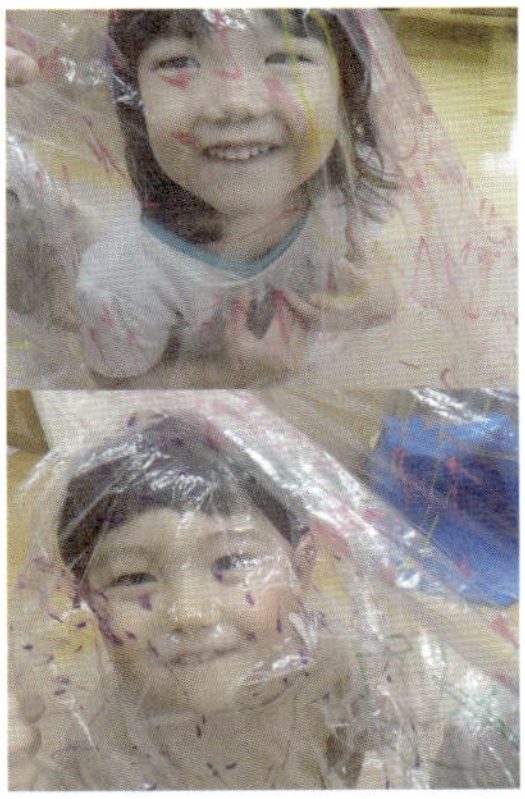

くしゅっとしたら宝石！

### 合奏が始まった！！

楽器に興味を持った子どもたち。それぞれ気になる楽器を手に、鳴らし始めます。芸術士の弾くピアノに合わせて演奏しながら歩き始めました。すごい！合奏が始まった!! フリーセッションだ!!
活動が音楽につながった瞬間です。

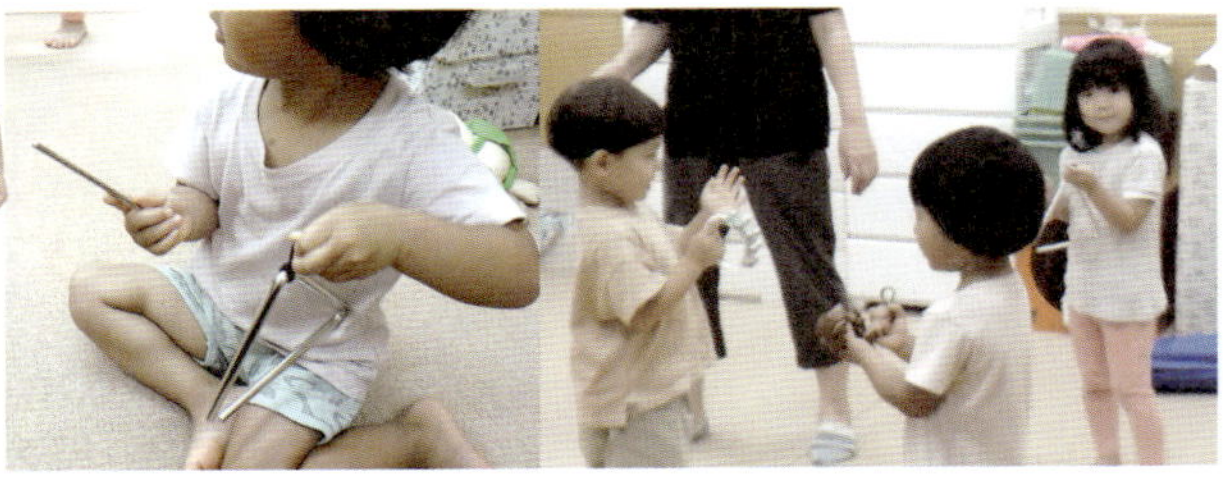

■子どもたちの変化と種まき

自分が好きなこと、感じたことを自信を持って伝えてくれるようになりました。相手が肯定してくれることで自信を持ってコミュニケーションできるようになりますね。音を介したこの活動は五感を刺激します。今後、歌や絵や身体表現など、それぞれの得意な方法で自己表現していくことにもつながっていくと思います。

Case Study

# 07

## 比喩《メタファー》表現を楽しもう

子どもたちの日常を舞台に。

芸術士：ミキユキ
三木優希　Yuki MIKI
専門：身体表現

**活動した園**：牟礼保育所
5歳児（ぞう組）
**活動の時期**：2017年〜
活動／8月・10月
発表会／12月
**その後**：
2018年2月・3月

●舞台やパフォーマンスなどの企画演出や、ダンサーとして各地の公演に参加。年齢を問わず参加できる市民還元型のワークショップを行っている。野外演劇、現代サーカス、振付、音楽 LIVE などに幅広く関わる。

**活動**
2017年8月・10月

## 発表会に向けて子どもたちと「動き《ダンス》」の作品づくりに挑戦！

きっかけは夏のボディペイント。人間ではないけれど、感情を持った「タイコ人間」（段ボール人間）が誕生!! 段ボールの筒で何ができるか、何に見えるかを探ることからプロジェクトが始まった。

**1**
2017年8月

### ボディペイント

道具：ボディペイント用絵の具、筆、
アイスクリームが入っていた段ボールの筒

**自分の身体に色が加わるだけで「自分ではないもの」に、簡単になれてしまう。**

ボディペイントの日、自分の体に塗れない子や絵の具に触りにくい子のために、たまたまもらった業務用のアイスが入っていた大きな段ボール筒を持っていった。何か色をつけるモノがあった方が良いと思って。

タイコ人間あらわる！

ダンボールをかぶって筆を持ったすごいスタイルが生まれた。「はじめて見た！」と思った。

発表会のビデオより

## 2 2017年10月 棒人間

道具：「棒人間」という曲

寂しさや不安も大切な感情！

### 棒人間になってみる！

「僕は人間じゃないんです」という、否定的な歌詞の中の棒人間を肯定する力に、どこまで向き合えるだろうか。みんなから出てくるモノを大切に。いつもと違うこと、少し頑張ることを共有できた。

## 3 2017年10月 筒で遊ぶ

道具：段ボールを丸めた筒

段ボールをくるくる筒状に。「遊ぶぞー！」をかけ声に、時間いっぱい、頭フル回転で笑いっぱなし。

上も下もつながって2連、3連、さらに友達ともつながってくるくる。くるくる。

前が見えないーーー！
3連つながりーー！
ぴょん、ぴょん！
曲や言葉からイメージして
全身で表現！

横になってゴロゴロ。積み上げたり、トンネルになったり…

その後の活動につづく

### 舞台装置を用意！

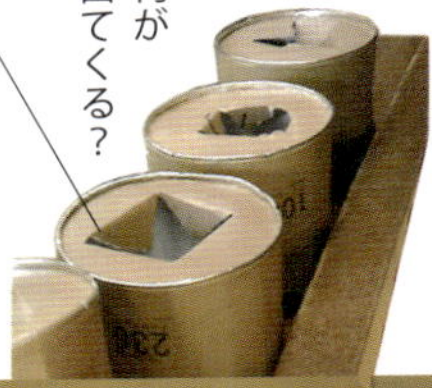
何が出てくる？

集団（行動）が苦手な子をどう巻き込んで、参加してもらうか。
筒にものすごく長い、いろんな色のビニールを詰めておいて「ここに来るんだよ！あとは自由に」と言っておく。
両サイドから「うわー」と出てくる装置と演出を作った。

## 発表会 2017年12月

子どもたちが一番想いを届けたい人が観客の二日間！

舞台装置を使った活動

## 発表会で使った仕掛けで 音になる！ 色になる！

その後

2018年2月 3歳児クラス

## あ！見たことあるやつ。ぞうぐみさんの使いよったやつや～

そこから、いろんな音が聞こえてきたり、音の正体はなに？
破って、何が入ってるかのぞいてみたり！ 手を入れて探ってみたり！

あか、あお、きいろ、めろん！ 水の中、森の中、炎の中・・・
色じゃなくなってもみんな動ける！ 筒で遊ぶ子も！

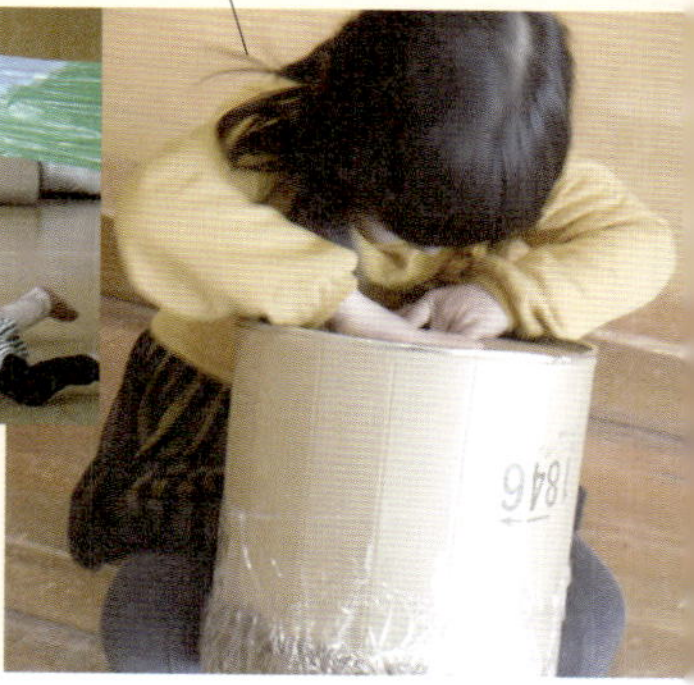

長～いビニールは、ふんわり、くっきり！
埋もれてみたり、くぐったり、のぞいたり、見つけたり。うれしさを身体中で表現…

### ■舞台づくりのきっかけは？

保育所に通う中で、子どもたちの仕草、衝動から沸き起こるエネルギー、友達を追いかける動線など、生活そのものがダンス作品に見えたことがきっかけです。

子どもたちの日々は即興のくり返し。できるだけ普段のみんなのカラダや感情、発想をそのまま舞台に上げて、作品としてメッセージを届けたいと思いました。

### ■大切にしたこと、工夫など

他の人といっしょに行動するのが苦手な子がいて、本番は我慢できないかもしれないと思って仕掛け（舞台装置）を作りました。その子が「うわー」って、夢中になって表現してくれるんですよ。それを演出として取り入れました。また合図として、ベルの音などを音楽の中に取り入れる工夫をしました。

大切なのは、事前に決めるところに加えて即興でみんなが自由に表現できる環境づくりです。

子どもたちから出る表現を拾っていくような手法でまとめました。行動そのものが作品になっていくように。

子どもたちには、舞台上に立つ前に、「ちゃんとキャストとして気合いを入れていくように」と話しました。

2018年3月
5歳児クラス
活動最終日

## 言葉で踊る！ 絵を見て踊る！ LEDライトで遊ぶ!!

### 絵の中の人はどんな感情かな？

子どもたちから出てくる動きは、発表会の時よりももっと速く、おもしろく、自信を持ってそれぞれの動きになっていく。こちらの言葉の変化に合わせて、みんなの動きもどんどん変わる。

絵の中の人になって踊る！

折れたしゃもじの絵を見せて

折れたしゃもじ！

空高く綱渡りする女の人！

UFO 現る…

ほっこり…

後半はLEDライトで遊ぶ。暗いときは月に、明るくなったら太陽に！きのこ、UFO！お腹に、ほっぺに、おしりや頭に！つけ方色々。最後はみんなでたき火！

たき火！

集合場所はお雛様の前で！ ぞう組さん全員で記念撮影!!

### ■芸術士として感じたこと

作品を作るにあたって、一人ひとりできることや表現が違うので、できるできないはどうでもいいんです。ダンス作品だけど踊らず、「動き」の即興が続きます。その子それぞれの生きてきた過程が表現されておもしろい。生まれてたった5年。なのに、こんなにも一人ひとりが違う。

小さな町の保育所の発表会。子どもたちが一番想いを届けたい人が観客で、2日間満員。こんなに素晴らしいことはありません。

活動している中で、おもしろいと思う子どもたちの言葉や動きの多くはmetaphor（比喩）。それが作品というかたちになり、みんなの心が動く。個々の動きは違うのに、心の向きが揃っています。

### ■先生や保護者の反応

発表会当日はすごい空気感でした。今思うと、先生もお母さんたちも熱かった。満タンに観客を詰め込んで、先生が感動して泣いていました。全員で作った一体感があって、やり遂げた感、達成感と、それまでの過程を含んだ感情がまざっていました。

子どもたちにこんなことができると思っていなかった。

Case Study

# 08

遊びながら感じて表現する。

# 雨と仲良くなろう

芸術士：たまちゃん
玉井美鈴
Misuzu TAMAI
専門：絵画・デザイン

**活動した園：**

- 東植田幼稚園
- 香西幼稚園
- まゆみ幼稚園

**活動の時期**：2019 年～

● 奈良芸術短期大学デザインコース卒業。
印刷会社、デザイン事務所を経て、2022 年「子どものアトリエたまちゃ」を開設。
2017 年・2018 年 独立展入選（東京／国立新美術館）。

## 1 雨の音を聴いてみよう

雨の中に出て、静かに音を聴いてみようね。
どんな音が聞こえるかなぁ。
聞こえたら教えてね。

そっちと音が違うよ
ぽたぽた……
雨はどんな音？

ザーザー

ぽつぽつ……

## 3 雨を感じてみよう

雨が降ってるから雨と遊ぼう！
水たまりにゆっくり入ってみる。
思いっきりバッシャ！
身体に跳ねるのも楽しい。

**触って、匂って全身で感じて！**

ぬるぬる……

はだしがきもちいい♪

パシャパシャ
ピチャピチャ
♪

ぼたぼた

ジャブジャブ
ぬるぬる

足がくっつく～
ぐちゅぐちゅ

## 2 雨の色を見てみよう

青色？ 白色？ 透明？
子どもたちはそれぞれ自分の方法で雨の色を確認！

## 4 創造の世界へ

### 世界が広がってお話が生まれる

ここが山で、こっちは川。
あっちは海でシロナガスクジラがおる！
カエルもおるよー。カエルは川にかえしてあげる！
傘を放り出して夢中で遊ぶ。
園庭はいつのまにか子どもたちの創造世界に。

←つづく

# 5 雨を表現してみよう！

## 全身で感じた雨はどんな色？ どんなカタチ？

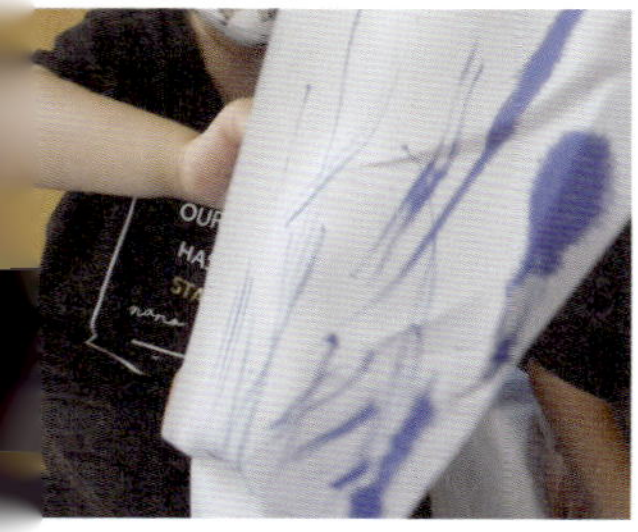

シュッシュッ！と筆を走らせて
勢いのある雨を描きます。

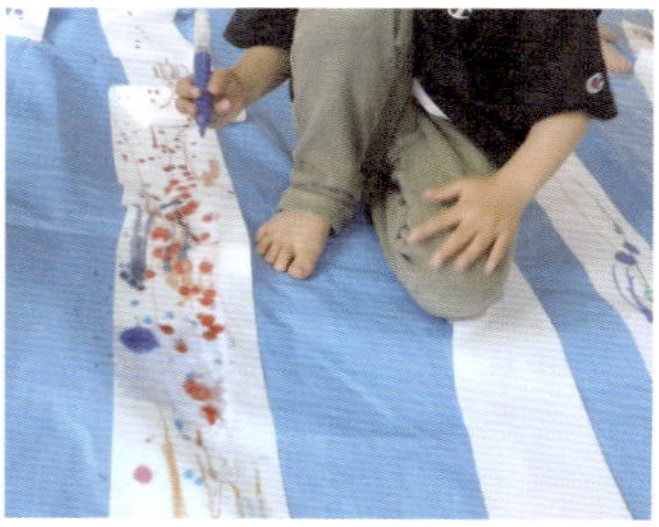

赤やオレンジを使って「雷！」
小さな点々は、降りはじめの小雨！

はじめは青色で描き始める子が大半でした。
細い糸状の雨や、激しい雨の様子が見事です。

自分で感じた雨の色に染めた和紙。
最後は雨玉に丸めました。

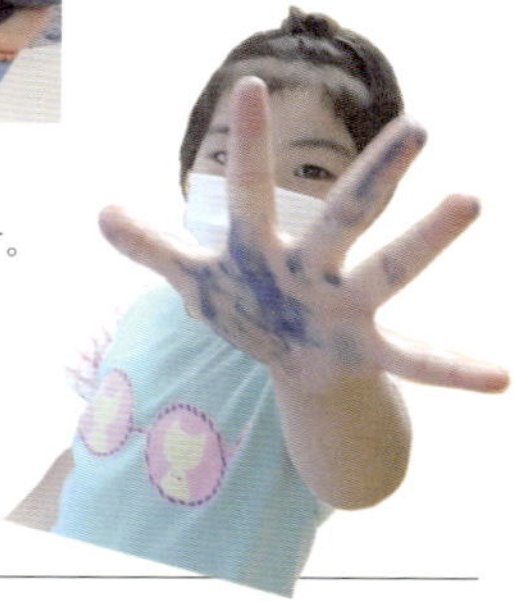

■活動のきっかけと流れ

雨が降ってきたので、急きょ雨を感じる活動をすることにしたのがはじまりです。

●最初は雨の音を聞いてみることから始めました。

「雨の声は小さいから、静かに寝転がって聞いてみようか」

みんなで床にゴロ～ン。

「音が聞こえる？」

「ぽつぽつ……」「ぱらぱら……」。

●次は外に出て雨の色を見ました。

「雨が見える？ 何色かな？」

「水色！」「緑！」「透明！」

この時は、降ってくる雨が見えるように、透明の波板を使ってお散歩を始めましたが、落ちてくる雨粒よりも地面の水たまりの方にみんな夢中になり、ピチャピチャ跳ねて長靴をぬらしながら雨を楽しんでいました。

●お遊戯室にもどり、今見てきた雨を描きました。

和紙に、自分たちが感じた雨の色で細い線や太い線。大きな丸や小さな丸をたくさん描いて、たくさん降る雨や小雨の違いを表現する子も。

みんなが描いた雨の絵の上から雨水を混ぜた霧吹きで雨を降らしてみる。どんどん滲み、混ざり合って複雑な雨色に。最後は破れ始めた和紙を丸めてみんなで雨玉を作りました。

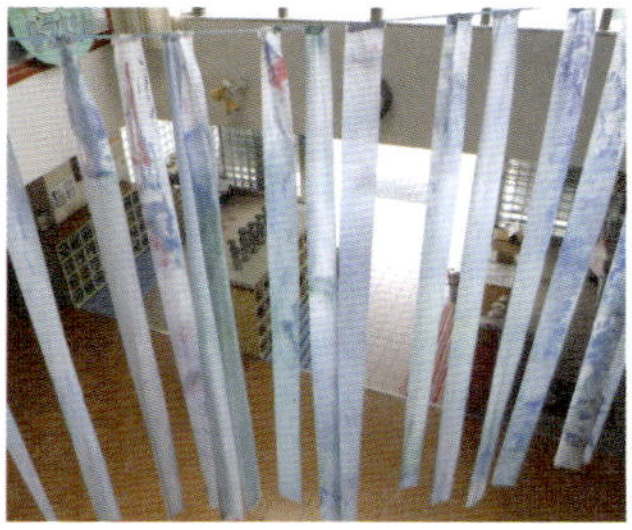

教室の中に、子どもたちがつくった雨が降りました。

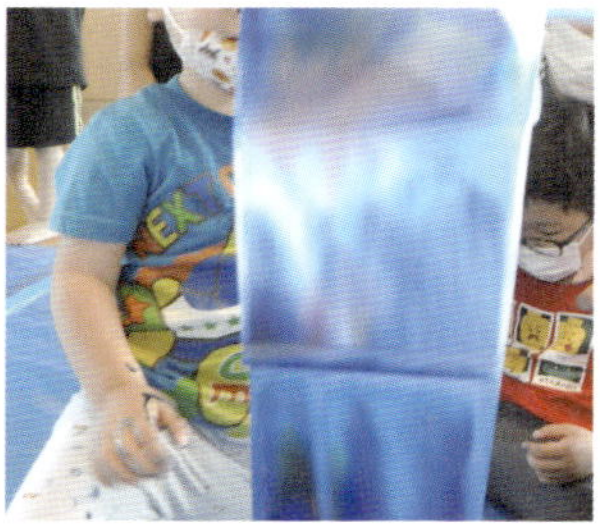

ザーザー降りの雨にうたれて濡れてるみたいだね。

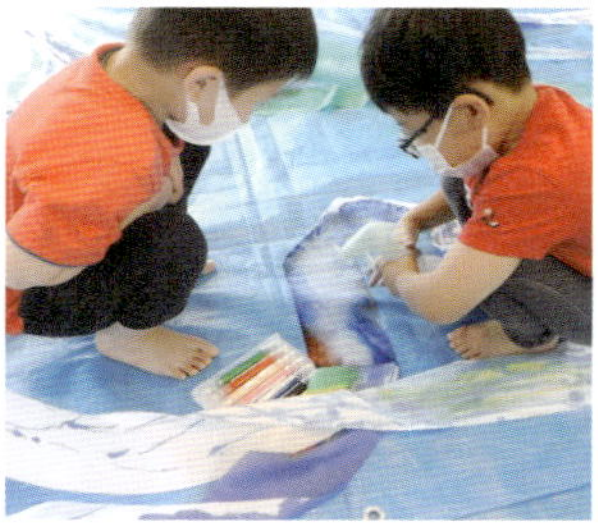

スプレーで水をかけたら、色がにじんだね。みんな真剣！

足でベタベタ、色をまぜまぜ。足裏で感じた雨を表現してるのかな？

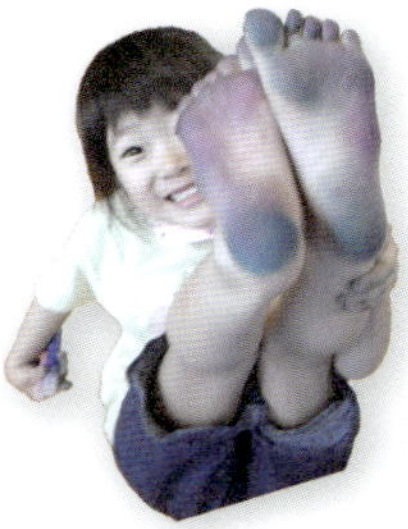

全身を使って描いた雨。
手足や服まで雨の色に染まりました。

子どもたちがここまで弾ける姿を見たのは初めてでした。

■感じる活動へ

その時の子どもたちの気づきがすごくて、単純な遊びだけど普段は聞けないような声を発して全身で楽しんでいる。感じるってすごいことなんだって、この活動の大事さに気がついて、それから本格的に取り組んでいます。

■活動への想い

小さな時に感じたこと、経験したことって、大人になっても音や色や匂いの感覚として身体に残ってますよね。この感じる活動は、「自分で感じ取る力」そして「表現する力」を育てることにつながると思っています。そんな道を作ってあげたい。

自分で見て、聞いて、触って、感じて、自分の力で動けるように。いっぱい体験してほしい。

■先生の反応

普段はあまりしゃべらないおとなしい子なのに、この活動の時には「たまちゃん先生見てみて！」って、あんなに大きな声が出ると思っていなかった。今まで見たことのなかった子どもの姿を見られた。変化する姿を見られて良かった。

# 5

# 初期導入時の様子

物語には全てはじまりがあります。
この芸術士活動が始まった
2009年頃の模様を紹介します。

絵：「さいころぞう」
「ふじぐみのへんなせかいずかん」より

それまで日本では前例のなかった高松市の「芸術士派遣事業」は、芸術士・行政・保育現場の三者が模索しながら形作られていきました。初期導入時の課題感や、その課題をどのように乗り越えてきたのか、また、どのような調整や考え方が必要だったのかなど、それぞれの視点からお話を伺いました。新たに芸術士活動を導入される際には、ぜひ現場のリアルな声を参考にしていただければと思います。

## 芸術士発足までの歩み

| | | |
|---|---|---|
| | 2001年 | 東京ワタリウム美術館<br>**「子どもたちの100の言葉」**展 |
| まゆみ幼稚園金倉理事長に<br>企画趣旨を相談に伺う | 2009年1月 | |
| | 3月 | アーキペラゴ会員総会で<br>企画書を配布して市に提案する<br>承認を得る |
| **高松市へ提案** | 4月 | |
| | 6月 | 高松市から具体的な<br>ヒアリング検討が始まる |
| 第一回芸術士候補の集まり<br>（事業構想の説明会） | 8月17日 | |
| | 9月17日 | **「レッジョ・エミリアの保育実践 勉強会」**<br>講師：髙橋敏之 氏<br>（岡山大学大学院教育学研究科<br>幼児教育講座教授　芸術学博士）<br>**第二回芸術士候補の集まり**<br>（事業内容雇用内容など具体的説明会） |
| 香川県緊急雇用創出事業創出基金事業<br>「芸術士派遣業務」委託事業者募集 | 9月28日 | |
| | 10月1日 | **高松市より正式に委託事業受注**<br>（11月1日からの派遣決定）<br>※契約締結は10月8日 |
| 香川県緊急雇用創出事業創出基金事業<br>「芸術士派遣業務」募集開始 | 10月8日 | |
| | 10月14日 | **芸術士８人を決定** |
| 芸術士は事務所へ初出勤 | 10月15日 | |
| | 10月22日 | 芸術士派遣業務打合会<br>（市・保育所代表・芸術士） |
| **「芸術士宣言」**（約束事）ほぼ完成 | 10月24日 | |
| | 10月27日 | 派遣先施設と芸術士の合同打合せ会 |
| 派遣開始 | 11月2日 | |
| | 2010年1月 | 第二期芸術士募集 |
| 秋田喜代美先生講演会<br>「アートの経験を中心にした園づくり」 | 3月9日 | |
| | 3月 | 派遣施設向けアンケート回収 |
| **第一回芸術士活動報告展**<br>**「芸術士のいる保育所」** | 8月31日〜9月5日 | |
| | 7月18日〜10月31日 | あかりプロジェクトin兵庫町<br>こども×芸術士「キッズアクアガーデン」 |
| 市長と芸術士の懇談会 | 2011年2月18日 | |
| | 4月 | ワタリウム美術館<br>レッジョ・エミリア**「驚くべき学びの世界」**展 |

## 第1節　芸術士の声：前堀浩二さん

芸術士事業が始まった時にコンセプトを固め、率先してリーダー的な役割を担ってくださったのが、当時芸術士だった前堀浩二さんです。これまでにない取り組みに悩み、もがきながらも「芸術士」を形づくっていった当時のことをお聞きしました。

### 1　藁にもすがる思いで始めた芸術士

芸術士になったタイミングは、人生でもどん底の時期でした。もともとは、東京の美術大学を出た後に、高校の非常勤講師をしながらフリーの造形作家として創作活動をしていました。結婚して子どもが生まれたものの、リーマンショックで立ち行かなくなってしまい、地元香川に戻ることに。しかし、香川では造形作家としての仕事はなく、工場でひたすらキャップを閉める日々が続きました。

3か月ほど経った頃には精神的にかなり落ち込み、苦しみました。そんな時に、高校の恩師から「新たに始まる芸術士という仕事をやってみないか」と声を掛けてもらいました。今の状況から抜け出し、自分の存在が生かされ、社会に貢献できる仕事ができるとしたら、夢のような話じゃないか。藁にもすがる思いで飛びつきました。

### 準備段階（約3か月）

芸術士として派遣される前にまずやったことは、芸術士のあるべき姿をコンセプトとしてまとめることです。前例のない活動に、初期メンバーと悩みながら作り上げました。その内容は、現在の「芸術士4つの約束」（14ページ）に生かされています。コンセプトは、作ることが目的ではなく、関係者全員に共有し、いつでも立ち返ることができるものでなくてはいけません。また、派遣先の園にも共有できれば、活動への理解も得やすいです。

そして、コンセプトを作る過程で、自然と私が芸術士のリーダーを担うようになりました。周囲に言わせると、唯一「ちゃんとできる」のが私だったそうです（苦笑）。私自身、新たな意義を作るぞとやる気に満ちあふれていたし、教員免許を持ち社会経験があったことで、対外的に会話がしやすいというのもありました。

当時は11月から3か月間芸術士活動を実施して、以降、翌年度も含めて継続するかどうかは園の意向次第だったので、始まったばかりの芸術士の存続は自分たちにかかっていたわけです。「絶対に終わらせるわけにはいかない」と、8人の芸術士全員がとにかく必死でした。

プレッシャーは大きかったけれど、私自身は前例のないことにチャレンジできるわくわくのほうが断然大きかったですね。実際には3か月を終える頃には継続要望が多く、現在の芸術士活動へとつながっています。

## 2 初期導入の様子

初期導入時の芸術士は、子どもに接することへの不安はほとんどなく、園にどのように受け入れてもらえるかが一番の不安でした。導入時は初回から一人で園に行って、はじめましてという状態から始まり、それぞれの園と芸術士が「どんな感じでやりましょうか」と会話し、手探りで活動するようなものです。園の希望はそれぞれにありますが、芸術士のコンセプトは絶対にぶらさないように、という芸術士の共通認識を強めるよう心がけていました。

## 最初の1、2か月は「ただいる」だけでいい

導入直後は、いきなり芸術士活動ができるわけではありませんでした。最初の1、2か月は芸術士がどのようなものかを園に理解してもらい、芸術士が園の雰囲気や方針、子どもたちのことを理解し、お互いに慣れるための期間でした。

子どもと一緒にお昼ご飯を食べて、寝かしつけをしたり、園庭で遊んだり……園の日常に芸術士が少しだけいる状況を作り、語弊を恐れずに言えば「ただいるだけ」のような時間。でも、それが芸術士の本質的なスタンスでもありますなので、最初は焦らず、その状態が続いてもいいと思っていました。

そして初期は、突然園にやってきた私たちがどんな人で、子どもたちとどう関わっているのかを保育士に見てもらう期間でもあります。具体的な活動開始は芸術士や園によってさまざまで、統一する必要はありませんでした。

初期導入の際に「ワークショップをしてくれる」と期待されないよう、最初は何もしないことを園には周知徹底し、まずは受け入れてみてくださいと伝えていました。芸術士導入に手を挙げてくれた園を訪れていたのですが、園長先生の思いが保育士にまで浸透しておらず、現場で理解を得にくかった芸術士もいました。特に最初はいるだけなので、芸術士の中には「ボランティアか、学生さん?」と言われてしまう人もいました。

一つ反省しているのは、芸術士をわかりやすく説明するための資料や現場対応に関するマニュアルなどを準備できていなかったことです。これまでにない活動にもかかわらず、芸術士がどういうものなのかを説明し理解してもらう

ことや、園とのコミュニケーションについては各芸術士に任されていました。手が回っていなかったという言い訳しかできませんが、そういったものが用意できていたら、よりスムーズに導入できたのではないかと思います。

## 基本は一日いるのが大前提

当初、園からは「芸術士活動の1時間だけ来てください」と言われましたが、一日園にいさせてもらえるように調整しました。活動時間外に一緒に遊んだり、ただ同じ時間を過ごしたりすることで、子どもの性格やその日の状態などがわかるようになります。そうすると、ちょっと調子が良くない子には「今からこれをやるけど、見ているだけでもいいよ」など、声かけが変わります。可能な限り子どもたちと共に過ごすことは、園や保育士との距離を縮める一手でもありました。

また、活動時間を明確に確保していてくれる園もあれば、予定通り訪問しても「今日は発表会の練習で活動が難しい」と言われることもありましたが、適宜柔軟に対応するようにしていました。これは、現在でも起こりうることだと思います。

## 初期の活動

活動の中身は、最初から各芸術士に任されていました。各園の状況に合わせて探りながら進めていたので、それぞれの園と会話したことや活動状況などを芸術士と事務局のメーリングリストで報告し合い、重要なことは定期ミーティングで話し合うようにしていました。不安や懸念を共有・改善したり、お互いの活動を参考にしたりする大事な機会になっていました。

この頃、私には「芸術士の個々の経験値を上げていかなくては」という強い焦燥感がありました。現場以外の場所でも自分を成長させ、知識なり経験なり、さまざまなことに目を向けてインプットしていくことを意識していましたね。

### 芸術士たちの保育への不安

芸術士は保育の素人で、現場ではわからないことばかり。保育士の資格を持たない者としてどのように振る舞えばよいのか悩む場面もあり、みんな頻繁に落ち込んでいました。食事の補助をしてもいいのか、何かあった時に子どもを叱ってもいいのか、叱るならどのような言葉や態度が適切なのか、園ごとの方針を意識したほうがいいのか……明確な答えはなく、時には園に相談することもありました。

子どもたちと関わる大人の一人として、保育士と肩を並べられるような子どもや保育への理解、知識が必要だという大きな気づきを得たものの、当時は残業不可の限られた勤務時間でやるべきこと――活動そのもの以外にも事前準備やレポート作成など――に追われてしまうような状況で、保育に関する勉強会を実施できていませんでした。

実際の活動以外にもどれくらいの時間の確保が必要なのか想定できておらず、走り始めたばかりの頃は理想と現実のギャップがどうしてもありました。導入時は園も芸術士も手探り状態で、不安はつきもの。振り返ってみれば、勉強会よりも、芸術士がどこまで介入するのか、どんなスタンスでいるものかを、導入前に園とある程度調整することの方が重要だったのかもしれません。

## 3 現場の保育士や園との関係性の構築

芸術士のコンセプトを揺るがさずに活動する上で、現場を担っている保育士とわかり合うことは非常に重要なことです。特に導入時は、保育士が良かれと思って行動してくれたことでも、芸術士の方針とずれてしまうことがあります。たとえば、「せっかく芸術士が来ているのだから、ちゃんとやりなさい」と保育士が子どもを指導するようなケース。園として「みんなで同じようにやることが大事」としてきた方針とは違って、芸術士の活動ではみんなが何かしているのを見ているだけでも、参加している状態になります。こういった初期導入時に起こりがちな齟齬をカバーし、保育士の理解を得るために私が心がけていたことをお話しします。

## ●子どもを通して保育士と積極的にコミュニケーションを取る

今日あの子はこうだったとか、こんなところがいいところだ、と子ども一人ひとりについて保育士から聞くのはもちろん、何かあった時にどのように考えているのかを積極的に聞くことで、保育士のことを理解するように努めました。こういった保育士や園とのコミュニケーションの機会を考慮しても、一日通して園で過ごすことはとても大事なことでした。

## ●芸術士のあり方を理解してもらう努力をする

ちょっとした雑談のタイミングにも「芸術士はこうありたいと考えています」ということを、さらっと伝えるようにしていました。芸術士の活動時間中に何かあれば、言葉を選びながら「これは少し違うと思います」「ちょっと待ってください、このままでいきましょう」と会話をしたこともありました。

私が意識していたのは、何か思うことがあればできるだけタイムリーに伝えることです。「芸術士はこういうとらえ方をするのか」「そういう褒め方もあるのか」ということが少しずつ伝わるよう、子どもと接する姿を見せることも大切にしていました。

## ●時間をかけて、保育士と対等な関係を築く

大事なのは、保育士と仲良くなろうとするのではなく、わかり合おうとする姿勢によって、対等な関係を築くことだと思います。そのために自ら見せていく、伝えていく、そして相手の話を聞いて、保育士の考え方やあり方を理解しようと努力する。芸術士という新たな活動を導入した場合、理解してもらうには一定の時間やコミュニケーションが必要になる前提でいるのがおすすめです。

## ●自分が何者であるかを開示し、プロであることを見せる

導入当初は、まだまだ芸術士の概念が浸透しておらず、語弊を恐れずにいえば「自称芸術士」が園に突然やってきたような状況です。そんな中、「やっぱりプロだ」と安心してもらえるように意識していました。「資格はないけれど、こういうスキルがある」と認知してもらうことは、保育士や園と信頼関係を築くために必要なことでした。

たとえば、保育士との休憩時に「前堀さんってどんな人なの」と聞かれたら、すぐ見せられるようにポートフォリオを持参していました。また、園から発表会の大道具などの相談を受けたら、自分の得意を生かしてきちんとプロの仕事を見せるように心がけていました。

お昼寝の時間にコツコツ一人で大道具を作るのもいいですが、子どもたちが自分たちで作ったと思えるようなものを活動時間に仕掛けていくのも腕の見せ所です。芸術士は一人ひとり何か

前堀さんが彫刻家としての力を発揮したキリンとゾウの巨大な像は、子どもたちが描いた絵からデザインを起こしたもの。絵を基に前堀さんが骨組みを準備し、そこに子どもたちが土粘土で原型を制作。その後、前堀さんが石こうで型取りをし、最後はみんなでデザイン画通りに色付けをしました。「子どもたちには自分たちで作ったと思ってほしいから、さりげなく裏でサポートしながら作りました」（前堀さん）。

得意を持っているはずで、それはきちんと見せていかないと伝わりません。また、プロの力を発揮することで、芸術士としての悩みから自分自身を救えるとも思います。

## 4 芸術士活動を理解してもらうための対外的な取り組み

それまでになかった芸術士活動への理解を広く得て活動を進めていくために、1年目から実施していたことが二つあります。

### ● 活動報告展

芸術士の活動を開始してから1年経たずして、活動報告展と称した芸術士と子どもたちの活動や芸術士派遣事業を紹介する展示を開催しました。一番の目的は、芸術士活動を広く理解してもらうこと。これには期待以上の効果がありました。

美術館のガラス張りのスペースで開催したこともあり、来場者数は想像以上上で、芸術士を導入している園の関係者や保護者に加え、自治体、導入を検討している園、地域の方などが来場しました。何を大切に、子どもたちとどんな活動をして、どんなことが生まれたのかなど、展示を通して芸術士活動がわかるように構成しました。展示経験のあるアーティストたちの集まりなので、展示で見せることが功を奏しました。

●行政、保育現場、芸術士の三者での会合

高松市の保育課、芸術士の派遣先の園長先生・保育士、芸術士・事務局の三者合同で定期的に会合を実施しました。この機会は、芸術士派遣事業を担当してくれていた高松市保育課の方が設定してくださいました。会合では課題の共有と改善案の議論、状況・要望のヒアリングなどを行い、ＰＤＣＡを回していくことを目的としていました。回を重ねることで他の園も含めた芸術士活動の全体を俯瞰でき、関係者のコンセプトへの理解が深まったと思います。思いがけず良かったのは、各園が他園の芸術士活動の状況や多様な芸術士を知ることができ、園に合わせたより良い形を模索できたことです。

## 5 マネージメントの必要性

芸術士事業導入時から、経費精算や労務管理などの管理業務を担う事務局も動いていました。初期導入の３か月を経て翌年度の継続が決まると、現場の統括や芸術士をサポートするマネージャー業務を担う人が必要になり、リーダーの私が担当することになりました。主な役割は、以下の通りです。

●園とのパイプ役

芸術士の中には、もともとコミュニケーションに苦手意識がある人もいます。芸術士が園や保育士とうまく調和できていない状況をキャッチしたら、コミュニケーションが得意な人やマネージャーが園に同行し、現場の調整を行いました。相性もあるので、場合によっては配置換えをすることもありました。何か問題があればヒアリングをして、一刻も早く解決することが大事です。

また、芸術士デビューには同行し、子どもたちや保育士とのコミュニケーションをサポートすることもありました。大丈夫そうであれば「次から一人でいってみよう」と声を掛けて、独り立ちをアシストします。他の芸術士と共に活動すると「こんな面白いことやっているのか、悔しい！」と刺激になることも多々あり、私自身にもプラスになりました。

園からの相談窓口となり、クレームがあれば説明や謝罪に行くこともありました。芸術士に問題があれば注意を促し、芸術士全員に問題を共有するようにしていましたが、個々の創造性を止めるようなことは言わないように心がけていました。謝罪に行くことは、私にとっては苦ではありませんでした。それは自分の役割で、みんなが個性を羽ばたかせる環境を整えることが、なにより大事だったのです。

芸術士の配置換えや二人体制などの改善策を試みても、うまくいかないことがあります。芸術士には、メンバーや園とのコミュニケーションを取ることがどうしても必須スキルになってきます。そうした適性が見いだせない場合は、心苦しいですが退いてもらう決断が必要なこともあると思います。

### ●芸術士一人ひとりを肯定する役目

芸術士は、アーティストとして繊細な感性を持っているメンバーも多く、みんな悩みながら活動を模索していました。落ち込んだり、居場所がないと悩んだりしている芸術士には「あなたは大丈夫」「そのままのスタイルでいこうよ」と積極的に声を掛けていました。既存のコミュニティである園に一人ぼっちで飛び込むのは不安で、最初は孤独に感じることもあります。前向きに活

動ができるよう、個々の芸術士のスタイルを肯定する役目は必要ですね。

## 6 芸術士派遣事業はアーティストを救う

私が芸術士として活動していた当時は、芸術士の活動だけで生活するのは厳しい状況でしたが、国の補助金を活用していたために給与規定を動かすことはできませんでした。高松市の自己財源での継続が決定した後に交渉を経て、現在では芸術士の給与水準もぐっと引き上げることができたと聞いています。

給与水準にこだわっていたのは、「芸術士一本で食べていければ、芸術士が確立したと言える」と思っていたからです。芸術士派遣事業の先にある「若手アーティストの支援」の意義も考えていたので、夢がないといけない。一方で、給与を上げてほしいと言えるだけのことをしっかりとやっていく責任がありました。当時は、基準は変えられないとはいえ、必死に資料を作って話し合いの場を設けたり、事務局に訴えたりしていましたね。

私の話でいうと、芸術士と造形作家活動の二足のわらじで生計を立てていましたが、工場で働いていた時期よりも、生活としては苦しいのが実情でした。でも、アーティストとして生きていける喜びがあり、精神的には充実していました。芸術士全体の給与水準を上げるために努力したものの実らず、生活面を考えて芸術士を卒業してしまったことは、いまだに後悔が残っています。

でも、今の私があるのは、芸術士の経験のおかげだと思っています。お金のために自分を生かせないような仕事を続け、創作もできずに暮らしていた私を救ったのは、間違いなく芸術士の仕事です。

当時、活動先の園長先生からアーティストとしてオファーをいただいたことがありました。芸術士としての活動を認めてくれたこと、一人の芸術士をアーティストとして見てもらえたこと、新しい創作の機会をいただけたこと……あの日の喜びは、今でも覚えています。

芸術士の社会的意義を作ろう、役に立ちたい、子どもたちに何かできればと必死にやっていた中での思いがけない依頼でした。「制作をしてもらうなら、園に来ている前堀さんに頼みましょう」と思ってくれた、その関係がアーティスト支援の新しい構造だったと思います。

なにがなんでも芸術士という概念を作ろうとがむしゃらに走り始めたことが、私が卒業した後も10年以上継続し、現在では需要に合わせて高松市から県内全域まで活動が広がっていることを、大変うれしく、誇りに思います。当時思い描いていたことが、実現しているのですね。この活動がより広く、全国的に広がっていくことを願っています。

## 第2節　行政の声：高松市役所 保育課課長（当時）　田中克幸さん

芸術士派遣事業の準備段階から高松市役所の担当として伴走してくださったのが、当時の保育課課長・田中克幸さんです。事業の企画立案から導入、事業継続と軌道に乗るまでのことを、行政の方はどのようにとらえ、支えてくださっていたのかを伺いました。

### 1 準備段階：見たこともない「芸術士」の事業概要を作る

芸術士派遣事業の担当課課長として導入準備から参画しましたが、最初は「芸術士」という言葉を聞くのは初めてで、レッジョ・エミリア教育のことも知らなかったので、一体何をするのか、イメージもない状況でした。園にはすでに保育士がいて、各クラスのカリキュラムの中で造形や表現の時間を設けており、それらとどう違うのだろうと。一方で、専門性のある芸術家と共に活動することは、子どもたちにとって特別な機会になるのではないかと、ふんわりとした期待もありました。

当初は半信半疑というか、わからない部分もあるが市としてやってみようと準備を始めましたが、見たこともない事業の意義を自分の言葉で語ることに自信がありませんでした。芸術士派遣事業とは何か、その必要性、効果などを整理するために、事務局の三井さんには説明や議論、調整と何度も協力していただきました。そして保育現場の理解と協力を得ながら、この事業は形になっていきました。

## 芸術士とは何か、まずは定義の整理

園に芸術士を派遣するにあたり、市の担当課としてどのように運営していくか整理しておかないと、各園の現場に落とし込むことはできません。まずは事業スキームとして活動時間、芸術士の採用人数、一人あたり何か所の園へ週に何回行くのかを検討しました。勤務時間を鑑みて嘱託職員の報酬単価に則した人件費を算出し、事務費、材料費などの必要経費を積算し、予算根拠としました。次に、9時から16時の間に何時間活動するのか、レポートの作成など、芸術士の要件を整理しました。

そういった整理を基に、全国でも初めての事業としての説明や、園でも既に造形・表現活動がある中で芸術士活動を行う意義を整理し、資料に落とし込み、各所に理解を得る活動を進めていきました。

## 予算の確保へ

全国でも事例のない事業を最初から高松市の自己財源で進めるのは、当時はいかに素晴らしい事業であったとしても困難であったと思います。瀬戸内国際芸術祭に合わせて芸術文化のまちづくりを目指して動き出すタイミングで、国の雇用創出制度である「緊急雇用創出事業」と「ふるさと再生特別基金事業」による財源の確保が重なり、「アーティストへの雇用創出」という形で芸術士派遣事業の2年半の予算を確保することができました。

行政の取り組みとしては珍しく、当時は長期のロードマップはありませんでした。効果が具体的に数値化できるようなものではなく、すぐに最初の結果が出るような取り組みではないと考えたからです。その中で軸にした事業の意義が、３つあります。

**事業の意義**

第一に、ありのままの自分を認めてもらう喜びを子どもに経験してもらい、子どもたちの自己肯定感を引き出すこと。第二に、芸術士の感性に基づく新たな活動は、子どもたちにとって特別な機会になり、その瞬間瞬間にわくわくし、楽しい体験をしたことが財産になるであろうこと。第三に、その楽しい経験をもって芸術の道に進み、将来、香川県出身の猪熊弦一郎さんや川島猛さんのようなアーティストが誕生すれば、芸術文化を押し出す自治体としても喜ばしいことであるということ。

当時、高松市は子どもたちの自己肯定感が低いことに課題感を持っていました。芸術士は、子どもたちをありのまま受け入れ、結果ではなく活動のプロセスや子どもたちの自由な発想を大切にしています。芸術士派遣事業は、子どもたちの自己肯定感を引き出してくれるのではないか――この発想が事業の土台になりました。

**定義の難しかった「芸術士」**

準備段階で一番難航したのは、どんな人が芸術士として活動するのかを事務局とすり合わせることでした。最初は私たち担当課もあまりイメージがありませんでした。市として事務局に出した希望は、美術系の大学出身者、保育士資格や教職免許の保有者であることを募集要項に盛り込むことでした。客観的な条件を定義することは自治体として重要なことだったからです。

当時、事務局の三井さんと何度も協議をする中で、「芸術的な活動をしている人は、必ずしも美術大学を出ている人ばかりではないし、資格や学歴を問わず、すばらしい活動をしているアーティストや、魅力的な人がたくさんいる。そして、彼らが子どもたちの環境を変えていくと信じています」という訴えがあり、結果的には募集要項の間口を広げて「美術系の大学出身者など」とし、アート活動をしていること、子どもと表現活動ができること、コミュニケーション能力があること、この3つの条件を必須としました。

芸術士の概要が固まった後は、担当課として各園の所長が集まる会議で本事業の頭出しをしました。レッジョ・エミリア教育についてはご存じの方が多いものの、新たな取り組みのためよくわからないという声がほとんどでした。私自身も、まだ見ていないものをどう伝えていくのか苦しんだところもありますが、きっとこれが子どもたちのプラスになる、まずはやってみましょう、結果はそれから見ていきましょうと訴えました。その段階では未知の取り組みにもかかわらず、「うちの園に来てほしい」と手を挙げてくださる園がいくつかありました。

そうして高松市保育課・保育所・事務局との三者間での協議や調整を重ねながら、事業内容や派遣先の園、芸術士などが決定し、予算が確保されました。それぞれまだ見ぬ取り組みへの不安と期待が入り混じりながらも、このような準備期間3か月を経て、「高松市芸術士派遣事業」はスタートしました。

## 2 導入初期の様子

事業を導入した直後には、視察に加え、園や保護者へのヒアリングやアンケートによって状況を確認し、効果を計ろうとしていました。その声を保育課で参考にしたのはもちろん、芸術士のみなさんへのフィードバックや、事業を継続するための説明根拠としても生かしました。

川島猛さんと風の音を聞こうワークショップ

私自身、初期の視察で長い紙管を使った「風の音を聞こう」という活動の場を訪問しました。子どもたちの「いろんな音が聞こえるよ」とはしゃいだ様子がとても印象的で、いつも耳に入っているはずのさまざまな音でも、改めてフォーカスすることで新たな体験になることが面白かったですね。また、見たこともないような長い紙管が園庭にずらっと並んでいることにも、子どもたちは興奮していました。

事務局には、定期的に活動報告の共有や活動報告展の開催をしていただきました。活動写真では、ブルーシートの上で子どもが全身粘土だらけになってひっくり返って何かを味わっている様子や、なんともいえない喜びの表情をしている、そういった印象的な姿がたくさん見られました。

視察や報告から見えてきたのは、普段の保育にはない体験が生まれていること、子どもたちがそれを味わい、全身で喜びや興奮を体現していること……子どもたちに、さまざまなプラスが生まれていることがよくわかりました。

## まず届いたのは、子どもたちの喜び

ヒアリングやアンケートの結果として最初に届いたのは、子どもたちがいきいきと活動し、芸術士の時間、芸術士が来ることを心待ちにしているという現場の声でした。また、何キロもの粘土や大容量の絵の具などを使ったスケールの大きな活動で、子どもたちが全身を使って何かをする喜びを知り毎回楽しんでいる、こういった声が序盤から多数あり、未知の取り組みへの不安は、徐々に確信と安心へと変わっていきました。明日も園に行きたい、わくわくすると、子どもたちの未来へのエネルギーにつながっていることがとてもうれしかったです。

## さまざまな子どもたちへ新たな存在

多様な子どもたちの中には、園ではなかなか心を開けなかったり、委縮してしまったりする子どももいます。保育では教育として叱ることも、指導することもあり、子どもが殻にとじこもってしまうことも時にはあります。そのような中、子どもたちが芸術士との時間で心を解き放ち、自分らしく過ごせているという声もありました。芸術士の軸にあるのは「寄り添う」こと。子どもたちにとっては自分を受け入れてもらえる感覚、のびのびとした開放感があったのだと思います。

表現活動などの体験としても、芸術士のあり方としても、子どもたちにとって新鮮な日々が始まりました。初期に届いた声から、芸術士活動が子どもたちの自己肯定感を高め、彼らの未来を切り開いてくれるのではないかという期待がますます高まりました。

## 初期の摩擦を、丁寧に解消していく

初めてやることですから、現場に不安や摩擦が起こるのは当然のことです。保育士にとっては、「受け持っているクラスに保育士資格のない人がやってきて、普段の造形や表現のような活動をするのか」という初期の戸惑いがどうしてもありました。

芸術士が活動しているときに、保育士としてどのようにその場にいるべきか、どのようにクラスを進めたらいいのか。保育士とは違うスタンスの芸術士に保育の指導方針の考え方で話をするわけにもいかないので、難しいですね。また、活動以外の時間も一日中園で過ごす芸術士にどう接したらいいのかという声もありました。

他にもこまごましたことがありましたが、園で困りごとや課題感が生まれたら、その都度一つずつ事務局と市ですり合わせをしていました。市の担当課では、園や事務局、芸術士との定期的な会合以外にも、現場で問題があれば、適宜園や事務局から報告が入りました。時には、これはどうしても芸術士に直してもらわなくてはいけないというケースもあり、その時は事務局を通して芸術士に伝えていただきました。何かがあれば、とにかく事務局と協議し、どう対応していくのかを共に考えることを大切にしていました。

芸術士のみなさんに直接会ってみると、一人ひとりが保育のこと、子どもたちのことを考えてくださっているのが伝わってきました。悩みは尽きなかったと思います。ある芸術士からは、「芸術については学んできたものの、保育のことがよくわからず、不安を感じている」という相談もありました。私としては、むしろその視点に安心したことを覚えています。芸術士が「芸術だけやればいい」というスタンスでは溝が生まれてしまいます。保育の現場で関わるため、子どもの発育や発達について知った上で活動した方が、より良い活動になると思います。

事務局の方針として、初期には保育の現場を知るために、芸術士は具体的な活動をするというよりも、園の様子をじっくり見るというスタンスをとっていました。これは後々お互いが歩み寄っていく上で良かったと思います。

## 3 事業継続のために

自治体事業である限り、費用対効果は常に問われます。しかし、芸術士派遣事業は成果を見える化することが難しく、説明しにくい事業でした。個人としては、子どもの喜ぶ顔がすでに成果であり、すばらしいことだと伝えていましたが、それだけというわけにはいきません。そこで実施していたのは、三者会合やヒアリング、アンケートによって現場の声を一つひとつ集めていくことでした。

### 具体的なエピソードを集めていく

現場の声から一番わかるのは、やはり子どもたちがとにかく楽しんでいるということ。園ではもちろん、今日どんなことがあったのかを子どもたちが楽しげに家庭で語るので、保護者の方々からぜひ継続してほしいという声が集まったのです。まず子どもたちがどのように楽しみ、喜んでいるか、それが園や家庭でどのような姿として現れているのかを具体的なエピソードでまとめ、メインのアピールにしました。

想定外だったのが、保育士にとっても芸術士のあり方が勉強になるという声でした。最初は戸惑いがあったものの、保育士とは違った子どもたちとの関わり方、また専門性に特化した視点やパフォーマンス力が、現場への新たな刺激になったようです。

初期導入時の保育士アンケートでは、以下のような回答がありました。

**初期導入時の保育士アンケート**

**①子どもたちへの成果**

・子どもたちが歓喜の様子で描写活動を楽しむようになった
・身近な人とはまた違う存在に子どもたちが関心を持っていた
・芸術士の関わりによって、新たな成長を見ることが多々あった
・認めてもらえる喜びを実感している様子があった
・いつもとは違う素材に触れ、新しい体験への喜びと共に、創作意欲が膨らんでいった

**②保育士への成果**

・表現活動の環境づくりに対する意識が変わった
・慌ただしい日々の中で保育士が見過ごしてしまいがちな子どもの姿に気づかせてくれた
・ちょっとした会話の中で、子どもの様子についての話し合いや、相談ができた
・各分野のプロから新たなアイデアや造形活動のヒントをもらえ、参考になった

子どもたちにも保育の現場にも、効果が生まれている。芸術士活動を継続していくことに意義があるのではないか。事業継続のための説明としてそのように仮説を立ててみても、成果は十年、二十年という長いスパンで考えていかないと実際のところはわからないため、最後はどうしても「この活動がきっと子どもたちのためになる」という抽象的な説明になってしまいます。

財政課にとっては事業実施効果の説明がつかないものに予算を付けることは難しく、継続的な予算確保には苦労し

ました。そこで、アンケート調査での保護者や保育士の好意的な意見、子どもたちの生き生きとした様子や作品の写真を見てもらい、この事業の意義を理解してもらうように努めました。

事業の後押しとして、高松市の大西市長が本事業に理解があり前向きだったことや、芸術文化のまちづくりとしての展開が重なったこと、園や保護者から事業継続の希望の声などがあり、無事高松市の自己財源での継続が決定しました。

アンケートでは圧倒的に前向きな声が大きく、私たちの背中を押してくれました。全国でも初めての事業を園が受け入れ、未知の世界に飛び込んだ芸術士がいて、保護者も、あんなに服を汚して帰ったら大変なはずなのに、子どもたちがうれしそうだからと言ってくださって……。みなさんの理解や協力、調和があってこその事業継続でした。また、当時は限られた人数の芸術士で活動しており、芸術士活動を希望する全ての園に派遣することが難しく、年度ごとに対象の園を入れ替えて運営していました。対象外になってしまう園から「継続して芸術士に来てほしい」という声が上がったのも、事業継続・拡大のカギとなりました。そういった声を逃さないことが大切だと思います。

事務局と芸術士が定期的に開催した活動報告展は、対外的なＰＲの場としても機能したことに加え、高松市としても幼児教育の第一人者である秋田喜代美先生の講演会を実施するなど、事務局と密に連携をとりながら、広く理解を得る機会を設けるよう努めました。

## 4 芸術士を導入される自治体の方へ

導入時は23か所への派遣を維持するのが精一杯でしたが、16年継続した現在では派遣先の園も4倍に増え、高松市を飛び出して県内全域に広がっていると聞いて驚くとともに、なによりうれしい気持ちでいっぱいです。

新たに導入される自治体のみなさんの中には不安をお持ちの方もいらっしゃると思いますが、これまでにないような表現活動や、スケールの大きい創作活動、芸術士との関わりが、子どもたちの一生の宝になると信じて推進していただけたらと思います。

子どもたちの喜びは未来につながり、やがて財産になります。導入時に芸術士活動を経験した子どもが、当時の経験をきっかけに美術大学に進学したというエピソードも耳にするようになりました。彼らがこれからどのような大人になっていくのか、とても楽しみです。

今後芸術士の資格が確立すれば、資格保有者は芸術士の理念や活動方針を理解して実践できる人であるという説明ができ、行政や保育の現場、保護者など、さまざまな理解を得やすくなります。そうすると、ゼロからスタートする自治体でもスムーズな導入が期待できるのではないでしょうか。今後芸術士派遣事業が全国に広まっていくことに、私もわくわくしています。

## 第3節　保育現場の声：中野保育所　荒井京子所長

芸術士派遣事業開始当初から事業構想に共鳴し、芸術士活動を14年継続している認定子ども園・中野保育所（香川県高松市）。導入当時から現在までをご存じの荒井京子所長に、導入初期の園での状況、どのように保護者から理解を得てきたのか、芸術士活動を継続することで感じていることなどをお聞きしました。

### 1　やってみなければわからない

高松市の芸術士派遣事業開始前の説明会では、市がレッジョ・エミリアを目指している、これからすごいことが起きるのだと興奮したのを覚えています。レッジョ・エミリアは自由な発想の中で子どもの主体性を大切にしていて、単なるお絵描き教室とは違うということは理解していました。当園でもぜひ導入したいと迷わず手を挙げましたね。やってみなければ、良いものかどうかわからないじゃないですか（笑）。何でも取り入れてみて、子どもたちのために良いと思うことは継続すればいいという発想で、芸術士活動を導入しました。

## 芸術士との関係性の構築

導入時に来てくださった芸術士の前堀さんは、最初は遠慮していたというか、どのようにしたらいいのかわからなかったと思いますし、私たちも、どこまで任せ、どう進めていけばいいのかわからず、ぎこちない距離感がありました。でも、前例のない取り組みに、お互い戸惑いがあるのは当然のことです。

前堀さんは、9時から16時まで一日園にいて、子どもたちと一緒に給食を食べたり、事務所で保育士と話したりして、距離を縮めよう、子どもたちや保育士、園のことを理解しようと頑張ってくださいました。私たちも、芸術士のことや考えを知りたいと、自然と歩み寄っていましたね。導入時にお互いが歩み寄る努力は、必須だと思います。

## 子どもたちの変化

芸術士活動を導入してしばらく経ってから、これは良い活動だと手応えを感じるようになりました。子どもが変わっていったのです。でもそれは、指導によって生まれる普段の変化とはまた違ったものでした。

たとえば、前堀さんが上半身裸になってボディペインティング

ボディペインティングのようす

をする様子を見て、子どもが「身体にあんなふうに色を塗っていいんだ」「面白そう」と感じて、自分でもやってみる。そして、夢中になっていく姿。絵が苦手で手で隠すように小さく小さく描いていた子どもが、画用紙からはみ出さんばかりにダイナミックに絵を描くようになっていく様子。そんなふうに、子どもたちの心が解放されていくような変化が、徐々に見られるようになったのです。

そして、子どもが家に帰って「こんなことをしたよ」と話すことで保護者にも芸術士活動が浸透していき、うれしそうな子どもたちを見て保護者も喜んでくださいました。園によっては、保護者から「芸術士活動で服が汚れるのは困る」との声もあったようですが、当園では太陽や水、自然と友達になろう、どろんこ遊びもしようと謳っていましたし、普段から服を汚して帰ることにウェルカムな状態だったので、芸術士活動と相性がよかったとも思います。

また、保育士とは違う大人と触れ合うことが、子どもに良い影響を与えていました。「先生」とは違う大人に自分

ボディペインティングのようす

の思っていることをどのように伝えるのかという訓練にもなっていました。普段はあまり自分の話をしない子どもが、芸術士にはぼそっと何かを呟くことも増えました。

また、保育士だけではやるべきことに追われてしまい、子どもたち一人ひとりの声にゆっくりと耳を傾けるのは難しいこともあります。大人が一人増えることで、子どもの声を拾いやすくなる効果もありました。

## 保育が変わった

たとえば人の顔を描くとき、私たち保育士なら、まず顔はどんな形でしょうと言って輪郭を描かせ、目はどこにあるのかなと指導するように促してきましたが、芸術士活動では目から描くこともあり、とても驚きました。その子が一番にとらえたものが目ならば輪郭はなくてもいい、鼻とのバランスなど関係ない。既成概念にはめていくような指導はせず、子どもがとらえたもの、大切にしたいものを真ん中にした創作がとても刺激になり、今では保育士の指導でもその発想を取り入れることがあります。

保育士になる過程では、芸術の深いところまで学ぶ機会はなかなかありません。保育士は専門性を持った芸術士から芸術や創作を学び、それが子どもたちに還元されていくといった良い流れが生まれました。

「保育は複眼で見ましょう」と昔から言われていますが、保育とはまた違う芸術士の観点によって、これまで以上に複眼で見られるようになりました。「あの子、すごく自由な発想をしているよ」「こんなところがいいよ」と芸術士が伝えてくれると、もう一つの目で子どもを見てみようと保育士が変化し、また新たな発見があります。

複眼の重要性がわかっていても、保育士集団の視点ではどうしても凝り固まってしまうことがあります。芸術士は子どもたち一人ひとりの良いところをぱっと見つけて、言葉にして褒めてくれます。その姿を見て、「そういう視点、そういう褒め方があるのか」と現場に気づきを与えてくれることも多々あります。

### 保育士の負担軽減の側面

これは副産物的な効果ですが、芸術士活動は、現場の保育士の負担軽減にも一役買っています。たとえば、通常業務の中で保育士がまつぼっくりを大量に集めるのは難しいですが、芸術士活動で使う材料は、現在うちの芸術士活動を担当している松尾由美芸術士がたっぷり集めて準備してきてくれます。

また、普段はなかなかチャレンジできない大がかりな活動も、芸術士活動でなら叶えることができます。ボディペイントをした後に子どもたちの身体を順番に洗って拭いて、昼食やお昼寝の準備をして寝かしつけをすることは、通常の保育の中で段取りするのはなかなか難しいのが現実です。

でも、芸術士活動では松尾芸術士が片付けを担当し、その間に保育士が昼食やお昼寝の準備を進めることができ、進行が滞ることがありません。こういった方が週に一回でもクラスに入ってくれることで、保育士が自分たちの業務に集中できたり、業務負担が軽減されたりする効果もあり、うちの保育士たちはすごく喜んでいます。

## 2 芸術士活動を継続する意義

芸術士を導入したい園が増え、2012年には市の予算の都合上、芸術士活動は一法人一施設の実施となりました。当法人内には2施設あったので、どちらか一つにしなくてはいけない。でも、自分たちが信じている活動を、仕方ないと中断していいのだろうかと悩み、園の自主費用で継続できないかと高松市に相談しました。市は問題ないとのことで、委託先であるNPO法人アーキペラゴとの直接契約がとんとん拍子で進み、2009年から2012年までは市の事業として、以降は当法人の自主負担として芸術士活動を継続しています。

市の事業では現在年間20回の活動計画ですが、中野保育所では年間45回の契約をしています。年間20回では、どうしても年長クラス中心の活動になってしまいます。年に4回でも低年齢児の芸術士活動があれば素地ができ、5歳になって唐突に芸術士活動をするよりも、より充実した活動が期待できます。現在では1歳児から芸術士活動を実施しており、3歳児から活動機会を増やしています。

高松市の芸術士派遣事業では担当芸術士が変わる場合がありますが、直接雇用になってからは約10年、ずっと松尾芸術士に来ていただいています。芸術士が変わることが良い場合もありますが、ゼロから相互理解を深め関係性を構築していく大変さはどうしてもあります。当園の場合は、同じ方に長く来ていただき関係性を深めていけることがマッ

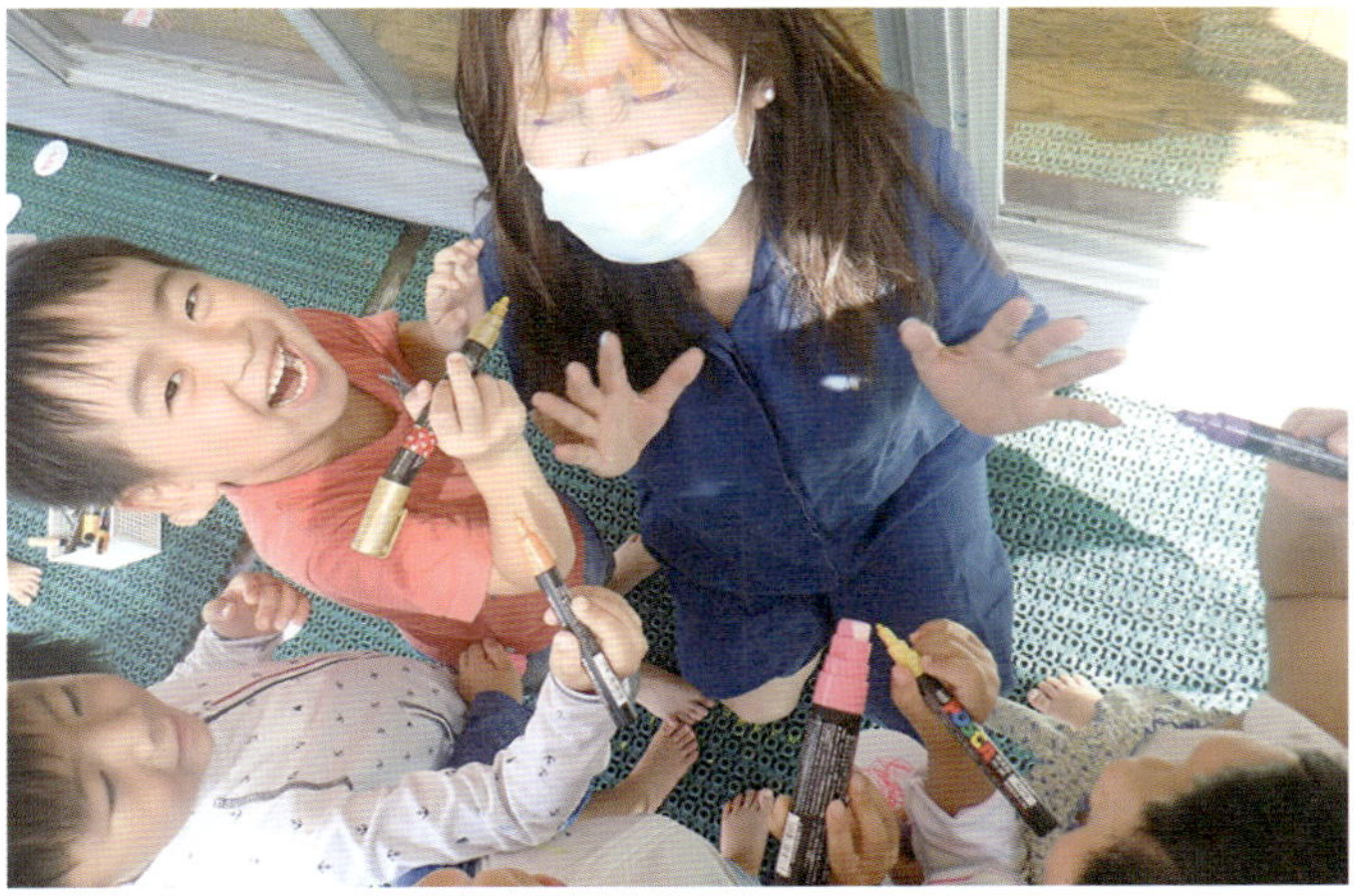

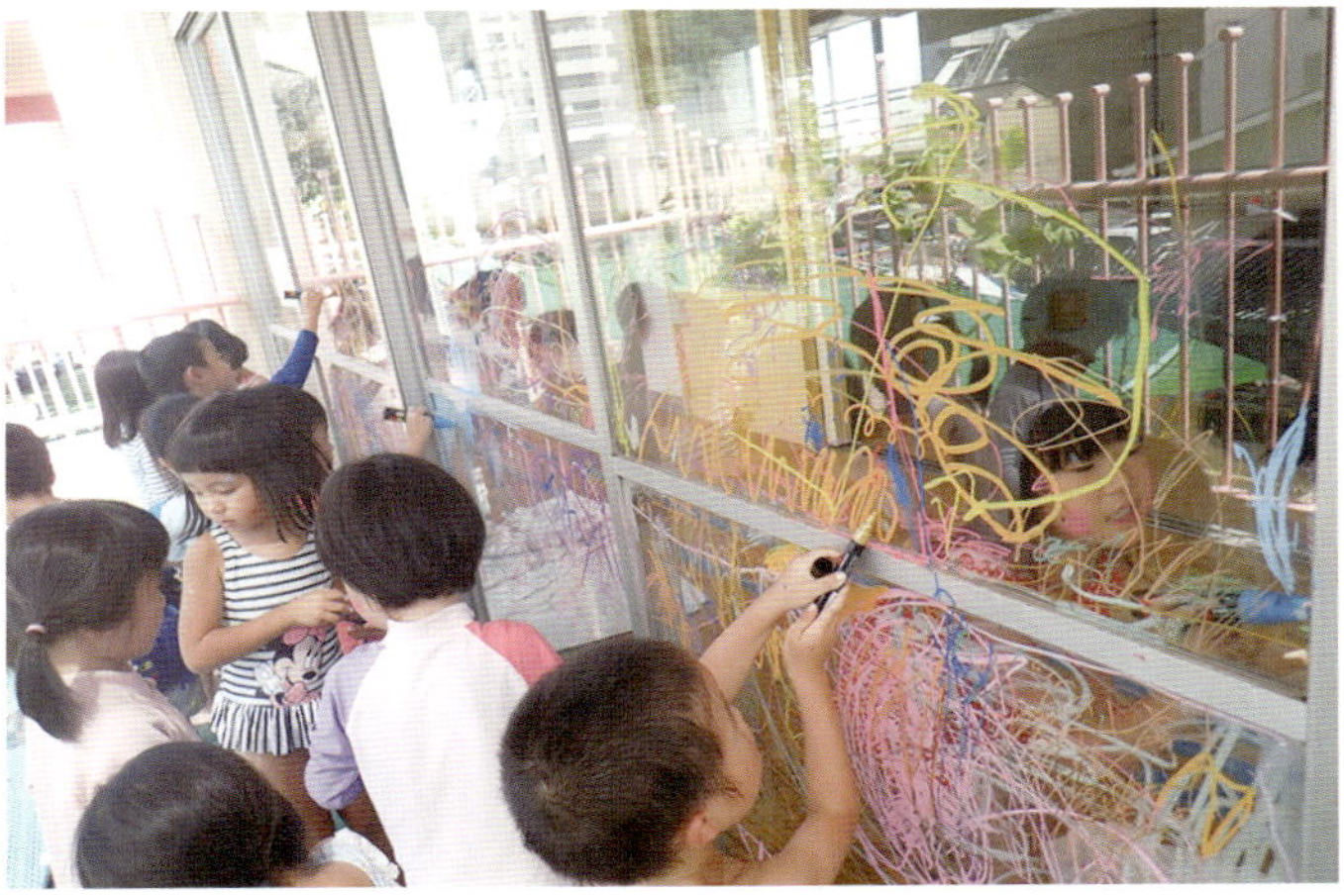

チしていました。

松尾さんは園の方針を理解してくださっていて、保育士や私とも以心伝心の状態ですし、みんな松尾さんのことが大好きなんです。子どもも保護者も「ぴんちゃん（松尾由美芸術士のニックネーム）」と呼んで慣れ親しんでいます。

また、松尾さんは「中野保育所にこんな人が来たら良いのではないか」と、他の芸術士を連れてきてくれることもあり、私たちのつながりでは出会えないような方が面白い活動をしてくれて、それが子どもたちの刺激になり、大変ありがたいです。

## 3 より良い芸術士活動のために保育現場からもアプローチを

保育士にも子どもに対する考えがあるように、芸術士にも子どもたちや活動への考えがあり、お互いに話をして歩み寄り続けることは大事です。コロナ禍では、芸術士は昼食の時間を子どもたちと過ごせなくなり（芸術士が昼食を共にするかどうかは、各園と芸術士が相談して決定）、より意識的にコミュニケーションを取る必要が出てきました。

芸術士は、完成した人間関係の中に一人で飛び込んでいくようなものです。お互いに信頼関係がなければ、「これでいいのかな」「この言葉でいいのかな」と気を遣ってしまっていい活動になりにくく、子どももぎくしゃくした空気を感じてしまいます。高い理想や志を持って芸術士の世界に飛び込んできてくれる人たちを支え、守っていくのも、現場の役目だと感じています。

また、出会った園によって「こんなはずじゃなかった」という事象は回避したいものです。芸術士活動の導入は、園の方針とのマッチングも重要ではないでしょうか。保護者や園の方針と合わないからと、芸術士の活動を制限したり操作しようとするくらいなら、無理に芸術士を導入しなくてもよいのではないかと思います。どんなに良い事業だとしても、全ての園で足並みを揃えて導入する必要はなく、芸術士事業に共鳴し、是非やりたいという園で導入してこそ、芸術士の力が発揮されると感じています。公立の園では園長や保育士の異動があり、継続していくためのフォロー体制の構築が重要になると想像しています。当園は私立のため、継続的な理解を得やすいこともあり、なかなか一概には言えないところもありますね。

## 芸術士活動を見える化し、保護者に伝えていく

初期から芸術士活動の効果は実感していましたが、それを保護者にも伝える手段が必要でした。そこで、芸術士が作成した活動報告書を園の掲示板に掲示し、送り迎えの際に保護者が活動の様子を確認できるようにしました。保護者には、家庭での子どもとの会話や活動報告書によって、より芸術士活動を理解していただけたと思います。

生活発表会での背景画や衣装は、毎年芸術士活動で子どもたちが制作しています。子どもたちは自分でどんなものを作るのかを考え、保育士と芸術士の力を借りながら作り上げていきます。最近の背景画では、みんなで集めたすすきやどんぐり、割いた布を貼り付けていき、1歳児も一緒に制作しました。5歳児では衣装を作りますが、きれいな布を縫い合わせるようなものではなく、廃材

から制作していきます。廃材がこんなすてきな衣装になるのかと、私たちも驚きでした。

本番では、芸術士と子どもたち、保育士が共に作り上げたことをアナウンスして保護者のみなさんに伝えています。「見てください、風呂敷と廃材が大変身した衣装ですよ」とか、「作る過程で自分の役のイメージを膨らませて『もっとくちばしを大きくしたい』と考えながら作りました」といった制作過程のエピソードも添えています。芸術士活動がより具体的に伝わり、保護者のみなさんにとても喜んでいただける機会になっています。後日開催する作品展でも、芸術士活動で制作した背景画や衣装を間近で鑑賞できるようにしています。

当園では毎月1回、私の思いや子どもたちの姿から発見したことを綴ったお便りを保護者向けに発行しています。その中で芸術士活動に触れて、「目を輝かせる子どもに育てるには、目を輝かせる活動をしてくれる人がいてこそ。そして、子どもは目を輝かせてそれを親に訴えようとしています」と書いたことがあります。

「ぴんちゃん明日来るかな?」「ぴんちゃんとこんなことしたよ」といった子どもたちの声は、目を輝かせ心が動いている証拠であり、だからこそ私たちは芸術士活動を大切にしている、そのことを伝えたいと思って、書きました。

連絡帳には、「子どもがぴんちゃんに次会えるのを楽しみにしている」「今回はどんなことをするのでしょうか」と保護者から芸術士活動への興味が伝わってくることが多々あります。普段の夕食時には静かな子どもが「ぴんちゃんが来て、こんなことしたよ」と興奮気味に一生懸命話してくれた、というエピソードもありました。子どものみならず、保育士や保護者もぴんちゃんとの時間をすごく楽しみにしています。

芸術士に会えること、共に過ごすことが喜びになっているということは、心が解放されている状態だと思います。自分を受け止めてくれる人がいて、相手のことも自分のことも受け入れられるようになる。芸術士活動にはそんな魅

力があります。これはすごいことですよね。

## 4 今後の芸術士派遣事業への期待

卒園した子どもの保護者から、芸術士活動のおかげで小学校でも創作や表現に意欲的だ、絵画コンクールで入選するようになった、自分の中にあるイメージを基にのびやかに創作していく力がついたという声をいただくことがあります。

小学校で自由に創作する際に、中野保育所で芸術士活動をしてきた子どもたちは、先生にその都度「これを使っていいですか？」「ここを切ってもいいですか？」と確認することもなく、自分のイメージでどんどん創っていくのだとか。経験があるということが影響しているのかもしれません。既成概念にとらわれない発想力や自主性など、子どもたちに何かが芽生えているエピソードが聞けるのは、とてもうれしいです。

子どもが新しい楽しみを発見し、味わい、成長していく姿をより色濃く実感できるのは、芸術士活動の影響が多大にあると感じています。そして、芸術士がどんなふうに子どもを見るのか、子どもへの言葉がけ、関わり方、どのように子どもの心を摑むのかなどを通して、これからも保育士に良い影響を与えてほしいと期待しています。引き続き、中野保育所は芸術士と共に子どもたちを育てていきます。

# 6

# 地域づくりへの投資

こども政策としてアートという
目に見える効果が測れないものに
税金を使えるの？

絵：「ねずみかん」
「ふじぐみのへんなせかいずかん」より

## 第1節 「アート県香川」のアートと文化の背景

日本一狭い香川県には、世界的にも人気のある美術館が多く存在しています。現代美術の宝庫とも言える直島、豊島のベネッセの施設、金刀比羅宮の宝物館の他、N.Y.MoMA 改修のきっかけとなった丸亀市猪熊弦一郎現代美術館、東山魁夷美術館、現代美術のコレクションを誇る高松市美術館。個人美術館では、アート界のレジェンドたるイサム・ノグチ庭園美術館、流政之美術館（NAGARE STUDIO）、ジョージ・ナカジマ記念館、川島猛アートファクトリー……。なぜこれら多くのアーティストの施設が集積したのでしょうか？ その理由に迫ると、戦後1950年から6期24年にわたり知事を務めた金子正則と新制作の創設者である画家・猪熊弦一郎の姿が見えてきます。さらに、当時竣工された、丹下健三の代表作と評判の高い香川県庁舎（現東館）、芦原義信の県立図書館（現アイパル香川）、大江宏の香川県文化会館、丸亀武道館、そして、その知事のもとで力を振るった山本忠司の瀬戸内海歴史民俗資料館など、数々のレジェンドとなる建築物も存在しています。

金子氏は「政治はデザインなり」との名言を残すほど、芸術文化からの創造と議論を整理するプロセスの先に人々の幸福を目指した稀有な存在でした。金子氏に多くの影響を与えたのが、旧丸亀中学校の一学年先輩であった猪熊氏でした。猪熊は、前述のイサム・ノグチを香川につなぎ、丹下を金子氏につなぎ、川島猛に多大な影響を与え、流氏とも交友を深めました。

さらに、21世紀に花開く直島の美術館の多くは、金子と深い縁のあった元直島町長の三宅親連氏の後押しがあり、ベネッセの種が根付くことになりました。

金子正則元知事

## 香川の現代アート文化を作ったレジェンド

さらに歴史を遡ると、江戸後期に高松藩に生まれた漆芸家の玉楮象谷（1806–1869）の存在が、香川の工芸とアートの出発地点です。その後、明治期になって日本で3校目となる高松工芸学校が創設され、その出身者の多くは東京美術学校等に進み、戦前戦後の美術界の指導者となりました。現在でも、日本に2か所しかない漆芸研究所が文化会館に併設され、多くの人材を輩出しています。

さらに、金子は故郷に帰っていた和田邦坊を讃岐民芸館の初代館長に据え、パッケージデザインから空間プロデュースまでのトータルデザインを地域で実現し、アートと産業を結び付けました。また、雑誌記者として訪れた流政之を地元の石工集団に引き合わせ、のちに彫刻家として庵治に拠点を構えた流が世界の舞台に彼らを連れて仕事を発表するまで応援しました。その流は、米国から家具デザイナーのジョージ・ナカジマを香川に呼んで、若きモノづくり集団「讃岐民具連」を結成し、デザインと工芸、作家と職人の枠を超えたクリエイティブ運動を起こしました。また金子は、イサム・ノグチにも同様に若い石工であった和泉正敏氏を紹介し、更に右腕の山本忠司氏をつないで、生涯のパートナーとして庭園美術館開設へと連鎖はつながりました。

晩年、猪熊は自身の作品を故郷に寄贈することを決め、丸亀市がそれを受けてMIMOCA（丸亀市立猪熊弦一郎現代美術館）建設に動きました。猪熊が指名した建築家の谷口吉生氏との共同作業を通して作られた美術館は、全国でも稀な、作家が作品として残した美術館として1991年11月22日に落成しました。猪熊の遺言で、企画展のアーティストは子どもたちとのワークショップを開催することが定められ、館長室には「美術館は心の病院」という言葉が飾られています。

竣工当時の香川県庁（上野アルバムより）

## 近年30年の直島から瀬戸内国際芸術祭への道

２００７年７月、日本政策投資銀行と四国経済産業局の講演会が行われ、登壇者の北川フラム氏から「瀬戸内を舞台に、新潟中越の大地の芸術祭のような現代美術の催しをしましょう」との提案がなされました。同席していた香川県庁の皆さんの「このボールをしっかりと受けましょう。瀬戸内海の活性化のラストチャンスかもしれませんから」という覚悟を今でも鮮明に覚えています。やがて、２００８年４月に真鍋武紀県知事（当時）が実行委員長、大西秀人高松市長が副委員長となる実行委員会が発足し、２０１０年の開催に向けて動き始めました。

振り返ると、１９８３年に直島の南海岸一帯を三宅親連町長（当時）の勧めで購入した福武哲彦氏が、進研ゼミの子どもキャンプ場として利用しようと計画を立てられました。その後、彼の逝去を受け、急遽社長を継いだ福武總一郎氏が直島から事業創造を始めることになり、ベネッセ（良く生きる）というフィロソフィーのもとに、アート（文化）がリードする事業軸を構想していきます。ＰＡＯＳ中西元男氏や建築家の安藤忠雄氏との掛け算で、１９９２年にベネッセハウスがオープン。アート担当で関わった秋元雄史氏らの奮闘により、２００４年に地中美術館をオープンすると共に、世界から注目される聖地「直島アイランド」になりました。

前述したように、瀬戸内国際芸術祭はまったくの白紙から計画されたものではなく、新潟中越地区で２０００年から３年に一度開催されている大地の芸術祭をお手本に企画されたものです。新潟の里山を舞台にした大地の芸術祭は、まさしく田圃の畦道を通って作品に出会い、里山を登った森の中にアートが彩られている芸術祭です。「過疎化、限界集落化している故郷をアートで元気にさせることができたら」という21世紀の新しい挑戦であり、「こんなことが瀬戸内の島々でもできたら素敵だな」という想いを有志（県庁内若手プロジェクト、ベネッセアートサイト直島、高松市民グループ）が持ち始め、先ほどの講演会へとつながっていきました。

瀬戸芸と親しみを込めて呼ばれる国際芸術祭は、東備讃瀬戸の島々を舞台に3年に一度開催され、こえび隊というボランティア組織によって支えられています。こえび隊は、今でこそ海外から多くの有志が参加される国際的なチームに育っていますが、当時は全くの無名であり、手作りの第一歩です。２００９年9月から正式にＰＲや募集活動を始めたのですが、春先からコアなメンバーを県下で探し始めました。その中で、アーティストとして活動しながら高松市で活動している若者が、思ったより多くいました。彼らが後の芸術士予備軍だったのです。

## アートの力が見出すカオスの作用

話は、再び戦後の時代に遡ります。高松市も他県庁所在地と同様に、１９４５年7月4日に米軍による空襲を受けます。それから4年後の１９４９年11月に栗林公園正門わきに高松美術館が開館しました。戦後日本初の公立美術館です。設計は山口文象氏で、木造モルタル平屋建９７５平方メートル。規模は小さいものの、美しいプロポーションの近代建築として生まれました。日本最大の美術展「日展」は、中四国では高松だけという時代です。実はこの美術館は、建設費の半分強を、美術愛好家の呼びかけによって小中学生まで巻き込んだ募金活動で集めて建てられたものです。設計の山口氏に依頼したのも、前述の猪熊弦一郎氏だったのです。「市立」という2文字が付いていないのは、「市民のお金でできたんだから」と笑っていた募金運動の中心者、漆芸家の明石朴景氏の言葉がその理由です。その高松美術館では、開館翌年から付属美術研究所を開設し、学生洋画部、社会人洋画部、彫塑、書、婦人洋画部と発展し、56年には夏の特別講座まで開設し参加者を増やしていました。

20世紀の最後、直島における変化の表れは、本村地区の古民家を現代アートで変容させたスタンダード展と家プロジェクトによるものが大きいです。詳しくは秋元雄史著『直島誕生』をご覧いただきたいのですが、本村地区の住民の方々が自宅の軒先を美しくしはじめ、自主的なガイドも始められるようになりました。その中で核となったアート施設「角屋」（１９９８年）は、前述の山本忠司氏の最後の作品となった古民家改修で、アーティストの宮島達男氏が参加しています。水を張った民家の床には、デジタルカウンター１２５個の1から9までの数字がチカチカと点滅しています。数字が点滅するスピードは同地区の島民の皆さんがセットしたもので、ゆっくり数字が変化するモノも

竣工当時の高松美術館

あれば、速いモノもあります。これは、現代アートが地域や島民の生活に介在するきっかけになった作品とも言えます。そして、２０１８年には「タイムセッティング２０１８～継承～」として１２５名の方と再度連絡を取り、新たにタイマーを設置してもらう試みが行われました。住民とアーティストの関わりは、コミュニティの中で受け継がれています。

瀬戸内国際芸術祭の総合ディレクターである北川フラム氏は、事あるごとに「アートは赤ちゃんみたいなものだから、それ自体役に立たないかもしれないが、手を差し伸べたくなるし、そうすればより愛しくなってくる」と述べられます。芸術祭をきっかけに、多くの若者が香川の地に移住しています。この地はそれぞれの想いや人生を引き寄せるアートが作り出すカオスを、放っているかもしれません。

特定非営利活動法人アーキペラゴ2代目理事八十川睦夫氏は、事あるごとに「高松は粘着的な躁鬱文化の地だ。そこに風穴を開けるのはアートの力だ」と述べられていました。20世紀末から、英国や南仏で始まった現代アートによる地域再生（創造都市）活動が、21世紀になって、そろそろ瀬戸内・高松で目覚めることになるのです。

（四国新聞 うどん県クロニクル　２０１７年1月28日～12月23日掲載）

## 第2節　創造都市政策での位置付け

### 創造都市 高松へ

高松市は、２０１２年にユネスコ（国際連合教育科学文化機関）が掲げる創造都市ネットワーク日本に参加しました。創造都市（Creative City）とは、グローバリゼーションと知識情報経済化が急速に進展した21世紀初頭にふさわしい都市のあり方の一つであり、文化芸術と産業経済との創造性に富んだ都市を指します。日本では、神戸市（デザイン）、名古屋市（デザイン）、金沢市（工芸）、札幌市（メディアアート）、鶴岡市（食文化）、浜松市（音楽）、篠山市（工芸）、山形市（映画）、旭川市（デザイン）、臼杵市（食文化）、岡山市（文学）の11都市が認定を受けており（２０２４年３月現在）、高松を含め多くの都市が認定に向けての活動を行っています。創造都市は次のような条件を満たすものとされています。

- ◯市民による、新たな活動が多数発生している都市
- ◯文化と産業の創造性に富んでいる都市
- ◯脱大量生産の革新的で柔軟な都市経済システムを備えている都市
- ◯世界的な環境問題、局地的な地方特有の課題に対して、新しい方法で問題解決を行えるような「創造の場」に富んでいる都市

つまり、市民一人ひとりが創造的に働き、暮らし、活動できる都市ということです。

そして高松市が目指す創造都市の将来像として、

○自然や歴史、生活と芸術が結びついてきた高松の特長を生かして、常に新しい何かが生まれる「芸術指数」が高いまち

○住民と来訪者が一緒になり、地域資源の再発見と活用を通じて、「その土地ならではのクリエイティブな暮らし」がたくさんあるまち

○各人が豊かな生活を実現できるコンパクトなまち

――魅力にあふれ、人が輝く創造都市――と、第二次高松市創造都市推進ビジョンで謳われています。

屋島を臨む高松市街

前節で述べたように、香川高松は創造都市に相応しい文化芸術活動の歴史と資産を持っています。瀬戸内国際芸術祭に代表される現代美術の催しも、瀬戸内海国立公園の文化と歴史を再興した功績を、ニューヨーク・タイムズ、ナショナル・ジオ・グラフィックス等を通して世界から評価され、観光（集客交流）による経済効果のみならず、地域が文化芸術によって生ずる新たな仕事や付加価値の創出を育もうとしています。その仕事の一例が、今回紹介する芸術士という新たな業務領域です。

## 創造都市政策のこども部門の提案

初期導入時、芸術士の簡単な定義について議論しました。「美術・芸術系大学等出身者など」「アーティストとして活動している人材であること」「子どもたちとのコミュニケーション活動に積極的に関与できる人材であること」の3つです。（164ページ）過去、50人を超えるメンバーが参画しましたが、半数以上がこの仕事によって、高松にUターン、Iターンしたメンバーでもありました。最近の美術系大学では、保育教育とアートを関連付けた学部も新設され人気を誇っており、アーティストの新しい活躍の場の一例になりつつあります。

高松市では創造都市の実現に向けて、創造的な取り組みを大切にし、固定観念にとらわれない新たな方法（創造的アプローチ）によって、「こども」「工芸」「食」「交流」を取り組む事業として位置付け、市民を豊かな暮らしへ導くことに定めました。なかでも「こども」に関わる取り組みを推進していくことは、他都市にはない高松ブランドの創出・発信へとつながっています。

2023年度現在、高松市芸術士派遣事業は、希望する100の保育所・幼稚園・認定こども園を23人の芸術士が分担し、年間1回～20回派遣されています。

行政として同様の事業を始めている香川県外の地域には、島根県津和野町、愛媛県四国中央市、石川県金沢市が挙げられます。また香川県内でも、善通寺市、丸亀市、まんのう町、さぬき市、東かがわ市、直島町、三豊市へと活動が広がっています。

そして2022年度にはJA共済連香川の地域貢献活動の一環として、香川県下の37施設に実験的に芸術士活動が導入されました。活動開始から16年を迎え、行政が提供する「こども」への投資とも言える芸術士事業は、一部の選ばれた施設で受けられるアート英才教育ではなく、普段の生活にアートがいかに役立つかを問われる、アーティストの存在意義を自ら実証するきっかけになったのです。

（参照：『第2次高松市創造都市推進ビジョン』 高松市創造都市推進局産業経済部産業振興課 平成30年3月発行）

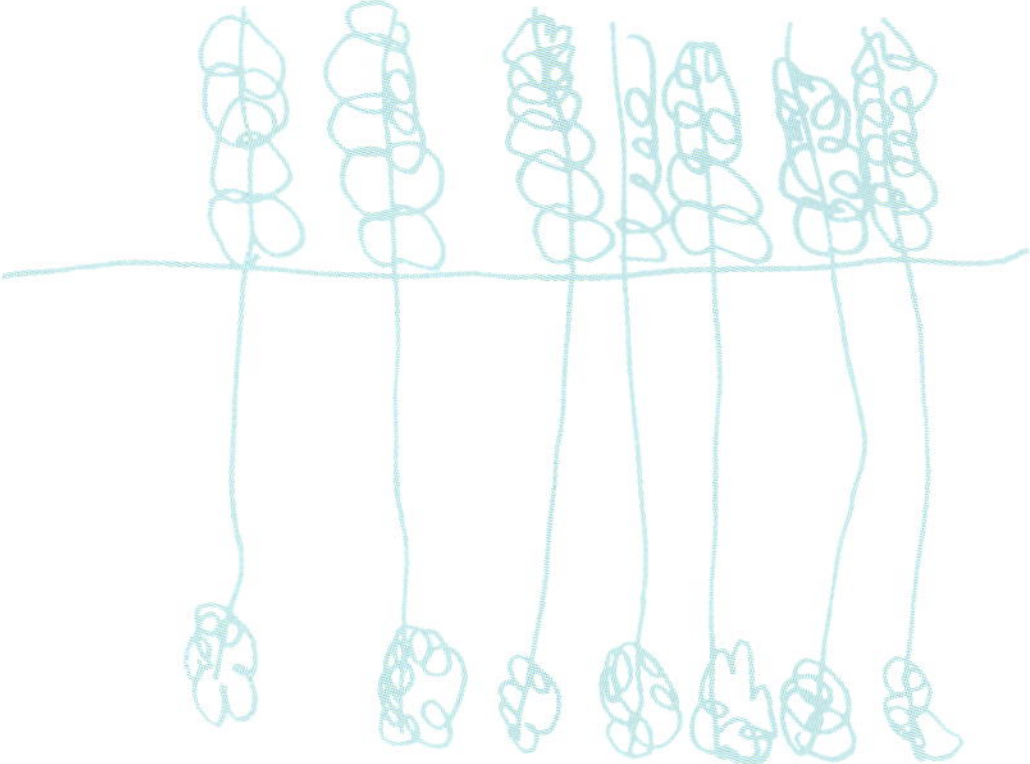

旅客船やフェリーが行き交う主要な発着港（高松港）

## 第3節　こども未来部の想い

### 自己肯定感を育てる

２００９年の芸術士活動導入後の状況を取材した記事（『地域創造』2012 Vol.31）に、健康福祉部保育課（当時）の事業担当者の声として「私たちは、今の子どもたちは〝自分を表現する力が弱い〟という課題を認識していました。保育士も色々な取り組みをしていますが、アートを専門とする人たちは、違う目線で子どもを見ることができる。また保育士は他の業務にも忙しく、子どもの表現や創造の環境づくりのために、十分な時間を割くことができないのが実情です」とあります。

更に、高松の子どもたちは自尊意識や自己肯定感が低いという調査結果（「平成28年全国学力・学習状況調査報告書」）もあります。つまり、小さな時から褒められた経験が少ないのかもしれません。日常の小さなことを一緒にやって、上手くいかなくてもいい、共に考えて、小さなことでも褒めてもらう、そんな体験が少ないのかもしれません。

芸術士活動が開始され、保育園に通い出した頃、事務局と芸術士メンバーは「最初の３か月間は、園でアート活動を行わない」という決め事をしました。それは、芸術士は、保育の現場を知らないので、まず、自分の目で保育の現場を観察して、「自分に何ができるか？」を考え出そうという意図からです。園庭で一緒に遊ぶ、一人たたずむ子にそっと一日寄り添うなど、一日の園での生活を共に過ごしていたのです。そんな日々の連続でした。大人ですが、子どもと一緒に保育されていたのです。その中で芸術士たちが感じたことを、日々事務所でふりかえっていました。「どうすれば子どもたちが喜ぶか？」と考え始めました。芸術士は、大人目線で子どもたちに何かを教えに行くのではない、という芸術士フィロソフィーがこの時期に芽吹きました。常に子ども側にいる存在。子どもたちの嬉しいを作り出す存在。子どもたちにとって芸術士は、とても褒め上手なお友だちなのです。

## 幼児期の終わりまでに育ってほしい姿

幼稚園教育要領と認定こども園教育・保育要領、保育所保育指針では、幼児期の終わりまで、すなわち小学校就学前までに育ってほしい姿として、10の姿が示されています。

「幼児期の終わりまでに育ってほしい姿」

- **健康な心と体**
- **自立心**
- **協同性**
- **道徳性・規範意識の芽生え**
- **社会生活との関わり**
- **思考力の芽生え**
- **自然との関わり・生命尊重**
- **数量や図形、標識や文字などへの関心・感覚**
- **言葉による伝え合い**
- **豊かな感性と表現**

（文部科学省『一人一人のよさを未来へつなぐ―学校教育のはじまりとしての幼稚園教育―』2019年12月）

大切なことは、それぞれの姿が個別の子どもの中に独立して存在しているのではないということです。項目に分類して分析的にとらえ、理解するとわかりやすくなる面もありますが、切り離して考えてしまうと、子どもの心身の全体像が見えなくなってしまうこともあります。また、他者と比較して「ここが足りない」などと判断すると、本来備わっている子ども自身の個性や尊厳を見失うようなことになってしまいます。それぞれの姿を育てるために何かをするという意味ではなく、保育の活動全体を充実させることが大切であるという姿勢が、生きる力とも言える非認知能力の開発につながってきます。

## 非認知能力の育成

私たちが生きる現代は、激動・不確実性・複雑性・曖昧性の時代です。コロナ禍やウクライナ情勢など先の見えない目まぐるしい変化と価値の多様化による混迷、インターネットとＡＩの進化による高機能化や技術革新の波。答えを早く導き出すことではなく、問題を発見し解決する力がこれからの社会において求められる生きる力となってきました。非認知能力で言われる大分類の「自己に関わる心の力」「社会性に関わる心の力」を育むには、幼児期はまさしく最重要な時期だと言えるでしょう。更に、「支える基盤」としての保育幼児教育環境の施設と風土こそ、私たち大人が取り組まなくてはいけない事柄です。

●「自己に関わる心の力」には、「主体性」自発的・主体的に考え行動する力、「興味」物事に興味を持って取り組む力、「感受性」五感を通して環境から刺激を受けたり感動したりする力、「想像性」イメージを表現したり形にしたりする力、「粘り強さ」最後まであきらめずに取り組む力、「自信」物事に対して「自分はできる」と信じる力、「思考力」目標に向かってどうすればよいか自ら考える力、とあります。

● 「社会性に関わる心の力」には、「協同性」共通の目標に向かって他者と協同する力、「思いやり」他者を助け、他者の利益のために行動する力、「社会との関わり」社会の一員として行動する力、とあります。

● 「非認知能力を支える基盤」としては、「アタッチメント」子どもが安心できる保育者との関係、「記録」園での子どもの育ちや経験の記録、「風土づくり」園における温かく支援的な雰囲気づくり、「研修」保育者の学びやスキルアップ、とあります。

（野澤祥子「文科省委託調査・非認知能力に関する園の取り組み」2021/5-6）

以上の項目は、バラバラに着目したり評価することではなく、全てが関わり合っている内容です。主体となる子ども自身の自発的な遊びや活動を豊かにしていくことが、非認知能力を伸ばす基本になります。一人ひとりの体と心の解放を、遊びを通して体験し、仲間たちと共感する営みを通して、社会性を学ぶことが何より大切です。芸術士の手本となっているレッジョ・エミリア・アプローチで最も大切にしていること、それは、子どもが常に中心にいることであり、月並みですが子どもファーストであることなのです。子どもたちの中にある可能性と、個性、力を信じ、それらを何より大切にして寄り添う役目を担うのが芸術士です。

## 第4節　NPO法人の役割

### NPO法人アーキペラゴのミッション

アーキペラゴとは、多島海・群島の意味の英語です。瀬戸内海のような情景です。法人の前身は2002年に香川県産業支援財団が発足した際に、その相談窓口の関係メンバーによって、新規事業や事業革新などの支援組織としてサロン的に活動していた特定非営利活動法人INSかがわでした。2005年に小豆島のオリーブ農家の実験プロジェクトとして、オリーブ里親制度を経済産業省から受託した際、やがて理事長になる三井を中心に動いていた環瀬戸内コンソーシアム（瀬戸内のアート資源を使った集客交流と文化活動）の、北川フラム氏の講演会（12月）を支援し、後に再び北川氏の講演会を高松市美術館講堂で主催することになります。

その北川氏の講演で、我々が特に感銘したのが、こへび隊の存在です。現代アートの作家・作品と地域をつないでいくこの役割は、ややもすれば独りよがりになりがちなアーティストや作品と、地域の人々の掛け橋になる大切な役目を担っています。瀬戸内でこのような催し（芸術祭）ができれば、島と地域をつなぐことができます。まず、有志と2006年の越後妻有大地の芸術祭を見学に出かけるツアーを企画。十日町市のジェームス・タレルの光の館に集合し、翌日はフラム氏自らが迎えに来てくださいました。その後、2009年にも参加者が大幅に増えて再訪することになります。

アーキペラゴというネーミングは、2007年にシブヤ大学（渋谷区のNPO）との共同企画で、多島海を訪ねて、その文化や歴史を学ぶツアー「アーキペラゴツアー」を開催した際のことに由来します。3コースの男木島・直島・豊島から小豆島にわたり、互いの体験を共有するという企画で、案内役が地元高松のメンバーとシブヤ大学の中心メンバーとのペアです。訪れた島では、長老からの想いを伺うというプログラムで、事前にリサーチをしながら、ご案内いただく長老探しから始めました。豊島の産業廃棄物問題を詳しく知るきっかけになったのも、このツアーの成果でした。全国から60人近い参加者が小豆島の宿坊に集まっての夜の勉強会は、盛り上がり過ぎて深夜に及び、御住職から喝を入れられるほどの熱気でした。翌日昼は、小豆島のオリーブ農家で収穫祭に参加という、楽しくもあり考察に長けた時間を過ごすことができ、現在の法人のスローガンである「島から学び未来に活かす」の原体験となりました。

前述したように、２００８年に瀬戸内国際芸術祭の実行委員会が発足しましたが、その前の冬。ＮＰＯメンバーのお一人から、母姉が亡くなられて、遺産相続のために寄付先を探したいとの相談を受けました。瀬戸内国際芸術祭の構想を紹介したところ、当時の真鍋知事宛に思いを込めたお手紙が届き、多額の寄付を県にいただけることになりました。フラム氏からも、地元香川からの励みで、行政も本気になってくれると大変喜んでいただきました。

我々は、目前のミッションとして、本気で芸術祭支援の役目を担わなければとの思いが募り、これまでのサロン的な組織から、専従スタッフを雇用し事務所を開設して、ボランティアを集め、新たなステージの事業をスタートさせました。新たに三井が理事長に就任し、法人名をアーキペラゴに改名し、兵庫町商店街の薬局跡の店舗を改装して２００９年からスタートしました。その事務所は、以前、まちラボ（まちづくりラボラトリー）という高松ＴＭＯの拠点として、私たち有志が利用していた愛着ある小さなお店でした。２００２年頃から20人も入ると一杯のスペースで、月一回のラボを開催するというユニークな活動で、その時のメンバーがやがて瀬戸芸を支えるプレイヤーになっていきました。専従のスタッフと事務所が整い、ボランティアの募集は、実行委員会との擦り合わせで、９月からのスタートになりました。名称は、こえび隊です（現在はＮＰＯ瀬戸内こえびネットワーク・理事長北川フラム氏）。

そこで、前述のようにアートに興味がある若者やＵターンしたアーティストを春頃から探し始めていたのです。２００９年春の法人の総会で、芸術士の素案「芸術士のいる幼稚園」が提案され、高松市に提案することを決めました。前項で紹介した2代目理事長の八十川睦夫教授（香川大経済学部）は、とてもユニーク且つ鋭い方で、私たちに現代アートの魅力を語り、まちづくりのイロハを解説・指導くださった稀有な存在でした。アーティストのような、世論に媚びないパルチザン風の生き方の、憧れの大先輩でした。金子知事、猪熊先生や、八十川先生の他、先達の魂を受け継ぎ、その遺伝子を仕組みとして事業化できれば、更に、瀬戸芸をきっかけに起こるであろう、アートの力で地域が確実にブラッシュアップしていく姿を想い描くことを、アーキペラゴの第一義の目標に置いたのです。

## 文化芸術による、地域の活性化とイノベーション

瀬戸内国際芸術祭という追い風を活かせた仕事づくりの事業のひとつが芸術士派遣事業と言えるでしょうが、その他にも、四国経済産業局の実験事業として、アーティスト・イン・ファクトリーと題した実証実験にトライしました。4人のアーティストが2週間、四国のものづくりの工場の現場に入って、そこからなんらかの化学反応を起こすという実験でした。普段アートとは無縁な職場環境に、全く異質なアーティストを受け入れていただいた経営者には頭の下がる思いですが、そこから生まれ出た少しの振幅は、やがて企業の文化を変化させたり、地域の文化を形成させたりする可能性に満ちています。アーティスト・イン・レジデンスがきっかけで、地域づくりに成功している徳島県神山町のように、アーティストの持つ視点やエネルギーは、受け入れた地域の人々の心に化学変化をもたらします。それを産業振興までブラッシュアップする力が、地域には必要となります。各地でアート系NPOがその担い手・つなぎ役として活躍しています。アーキペラゴが香川でその一端を担えたのは、多くの人々の想いが重なり合った成果とも呼べます。

子どもたちの現場でアーティストの力を活かすという、後で考えればとても相性のいい組み合わせを、レッジョ・チルドレンのマラグッツィの想いを重ねてプロジェクト化できたのは、時の運のような作用が働いたのかもしれませ

ん。しかしこれは、想いがあればどこにだって可能なプロジェクトなのです。

# おわりに

## 芸術士の未来像

芸術士のお手本となった北イタリアのレッジョ・エミリア市の保育現場は、公立の幼稚園（3歳児から5歳児）には、アトリエリスタが常勤して保育活動を担っています。保育園（0歳児から2歳児）には、週に数日アトリエリスタが通っています。私たちは、子どもたちの施設には、芸術士が常にいることを目標にしています。2年ほど前、高松のある私立施設から常勤職員の芸術士として来てくれないかとお誘いがあり、処遇など詳しい話はさておき、我々事務局は両手を上げて賛成し応援しました。貴重な戦力を引き抜かれるのは痛手ですが、何より職員として芸術士を雇用していただけるなら、子どもたちの現場にとっては理想的な保育時間を創出する戦力になることを、芸術士の力量から容易に想像ができたからです。しかし、その想いは実現しませんでした。施設の運営母体の理事会で雇用の議題になった際、芸術士は資格者なのかという質問から、人件費負担の現実的な課題として監督行政などからの補助金対象でない人員を雇うゆとりはないという判断になってしまいました。それが引き金となって、芸術士資格の認定基準を作って資格制度にしようと動き始めたのです。２０２３年11月に一般社団法人日本芸術士協会を

設立し、活動中の芸術士メンバーに、保育と現場の基礎的問題、さらに小論文の作成を経て、第一期の芸術士認定をしました。徐々に過去の経験者や就業希望者にも試験を経て、芸術士に認定して参ります。その後、一般の方や保育経験者の皆様にも、認定試験のご案内ができるよう、認定課程の精査を行っています。芸術士が自分たちの価値を高めるための組織を自分たちで作ろうとの思いです。

もっとも大切にしたいことは、本書で述べた子ども中心の視点と多様性や個性を育む哲学です。そして、資格を認定すること以上に重要視しているのは、芸術士を行政の政策として導入いただけるよう、自治体への働きかけと、担い手となるアーキペラゴのような実施団体を育成することです。芸術士たる人材の育成、継続性のある政策モデル、縁の下で支える現場組織の創出、この三本柱が必須なのです。これから、こども家庭庁をはじめ行政の窓口に出向き、高松市で始まった芸術士活動について広くご理解いただけるよう動いて参ります。どうぞ、ご関心のある皆様は、事務局まで一声お掛けください。小さな一歩から、未来への希望の航路に一緒に船出してみませんか。

# 協力園一覧

高松市立国分寺北部保育所
高松市立弦打保育所
高松市立男木保育所
高松市立牟礼保育所
高松市立東植田保育所
幼保連携型認定こども園浅野こども園
幼保連携型認定こども園庵治こども園
高松市立前田幼稚園
高松市立国分寺南部幼稚園
高松市立香西幼稚園

社会福祉法人紹隆会幼保連携型認定こども園高松和貴こども園
社会福祉法人ミハル福祉会幼保連携型認定こども園川添こども園
社会福祉法人和光保育園認定こども園和光こども園
社会福祉法人みどり福祉会若葉保育園
社会福祉法人慈光福祉会認定こども園西光寺保育所
社会福祉法人平安福祉会今里保育所
社会福祉法人つくし福祉会認定こども園中野保育所
学校法人まゆみ学園まゆみ幼稚園
善通寺市立吉原幼稚園
善通寺市立東部幼稚園

順不同

**《 参考文献 》**

「１９００年」監督：ベルナルド・ベルトルッチ
「子どもたちの100の言葉　レッジョ・エミリアの幼児教育」C.エドワーズ/L.ガンディーニ/G.フォアマン　編
　佐藤学・森眞理・塚田美紀　訳
「レッジョ・エミリア市　自治体の幼児学校と乳児保育所の指針」日本語訳：森 眞理　渡邊 耕司（監修）
「レッジョ・エミリア市　自治体立乳児保育所と幼児学校の事業憲章～大切にしていること～」翻訳：森眞理　翻訳協力：藤田寿伸　出版：JIREA
「うどん県クロニクル」四国新聞　2017年1月28日～12月23日掲載

**《 参考サイト 》**

・総務省「保育所への芸術士派遣」https://www.soumu.go.jp/main_content/000088727.pdf
・高松市「保育所への芸術士派遣事業」https://www.city.takamatsu.kagawa.jp/kurashi/kosodate/youchien_hoiku/kodomoen/geijutushi_haken/index.html
・吉川暢子「子どもの表現を育む場における芸術士® の役割と課題」2021年『美術教育学研究』53巻1号
　https://www.jstage.jst.go.jp/article/uaesj/53/1/53_321/_pdf/-char/ja
・高松市公式YouTubeたかまつムービーチャンネル「芸術士とこどもたち」制作：NPO法人アーキペラゴhttps://www.youtube.com/watch?v=o_wL-rFUZIU
・第２次高松市創造都市推進ビジョン第1章
　https://www.city.takamatsu.kagawa.jp/kurashi/shinotorikumi/keikaku/sonota/souzoutoshi/03bizyon.files/creative_takamatsu_0319_Part3-6_s.pdf
・創造都市ネットワーク日本 https://ccn-j.net
・東京大学大学院教育学研究科附属　発達保育実践政策学センター
　令和3年度文部科学省委託「非認知能力に関する保育・幼児教育施設の意識や取り組みと園児への影響に関する調査研究」
　https://www.cedep.p.u-tokyo.ac.jp/survey/mext-non-cognitive-skill-2021/
・文部科学省　幼稚園教育パンフレット「一人一人のよさを 未来へつなぐ ― 学校教育のはじまりとしての幼稚園教育 ―」
　https://www.mext.go.jp/a_menu/shotou/youchien/1422302.htm

**《 協力　Special Thanks 》**

カタタチサト（芸術士）、小田若奈（芸術士）、松尾真由美（芸術士）、谷由貴（芸術士）、ミズカ（芸術士）、モーリエール瞳（芸術士）、津島千恵先生（国分寺北部保育所 所長）、山田茂（芸術士）、デニー（芸術士）、小松ちか（芸術士）、永島香苗（芸術士）、くっぴん（芸術士）、長野由美（芸術士）、まつのれいこ（芸術士）、村井知之（芸術士）、フリーダ（芸術士）、ミキユキ（芸術士）、たまちゃん（芸術士）、前堀浩二（芸術士）、田中克幸（元高松市）、荒井京子先生（中野保育所 所長）

## 感謝を込めて

この芸術士活動は、多くの皆様の相乗指数で価値を重ね作られています。事業提案者の法人メンバーの石倉さん、旧姓伊藤さん、受け取ってくださった岡内副市長。決定くださった大西市長。芸術士を育ててくださった施設長と担任の皆様。温かく見守り応援してくださった保護者の皆様。業務とはいえ手探りで事業を一緒に構築し支えてくださった行政の歴代の担当の皆様。述べ 77 人の芸術士のメンバー、そして共に支えた当法人の歴代スタッフ。特に、初代担当デスクの旧姓西崎さんは、一旦結婚子育てで業務を離れた後、癌が発覚しながらも本事業のスタッフに戻り、最期まで事業への夢と理想を私たちに語って旅立って行かれました。本書を彼女に捧げます。

特定非営利活動法人アーキペラゴ代表理事　三井文博


## 特定非営利活動法人アーキペラゴ について

私たち「アーキペラゴ」の意味は「多島海」。瀬戸内の島を自分たちの未来に見立てて、2009 年に名付けました。一つひとつの個性的なプロジェクトを、多島海のように包括し、自律・協調・分散型で運営しております。

芸術士派遣事業（2009 ～）、放課後児童クラブ事業（2017 ～）、せとうちクリーンアップフォーラム（2009 ～）、Archipelago Tour 事業（2009 ～）、さぬきマルシェ in サンポート事業（2012 ～）、島ゼミ（2008 ～）他、さまざまな事業に取り組んでいます。
http://www.archipelago.or.jp


編集：藤田優香、小馬絵美子
分担執筆：第 2 章 吉川暢子（香川大学准教授・芸術士）、第 3 章・第 5 章 小林繭子（ライター）
カバー・表紙・本文デザイン：山本雅美／ DTP デザイン：小田若奈
企画・制作：特定非営利活動法人アーキペラゴ
※この本の情報は、2024 年 12 月現在のものです。今後変更になる可能性がありますので、ご了承ください。

可能性の育み　芸術士
——アーティストと子どもたち 15 年の歩み——

2025年 4 月 30 日　初版第 1 刷発行　〈検印省略〉

定価はカバーに
表示しています

著　者　特定非営利活動法人 アーキペラゴ
発行者　杉　田　啓　三
印刷者　森　元　勝　夫

発行所　株式会社　ミネルヴァ書房
607-8494　京都市山科区日ノ岡堤谷町 1
電 話 代 表　(075)581-5191
振 替 口 座　01020-0-8076





モリモト印刷

ISBN 978-4-623-09861-3
Printed in Japan